如斯亭《じょしてい》

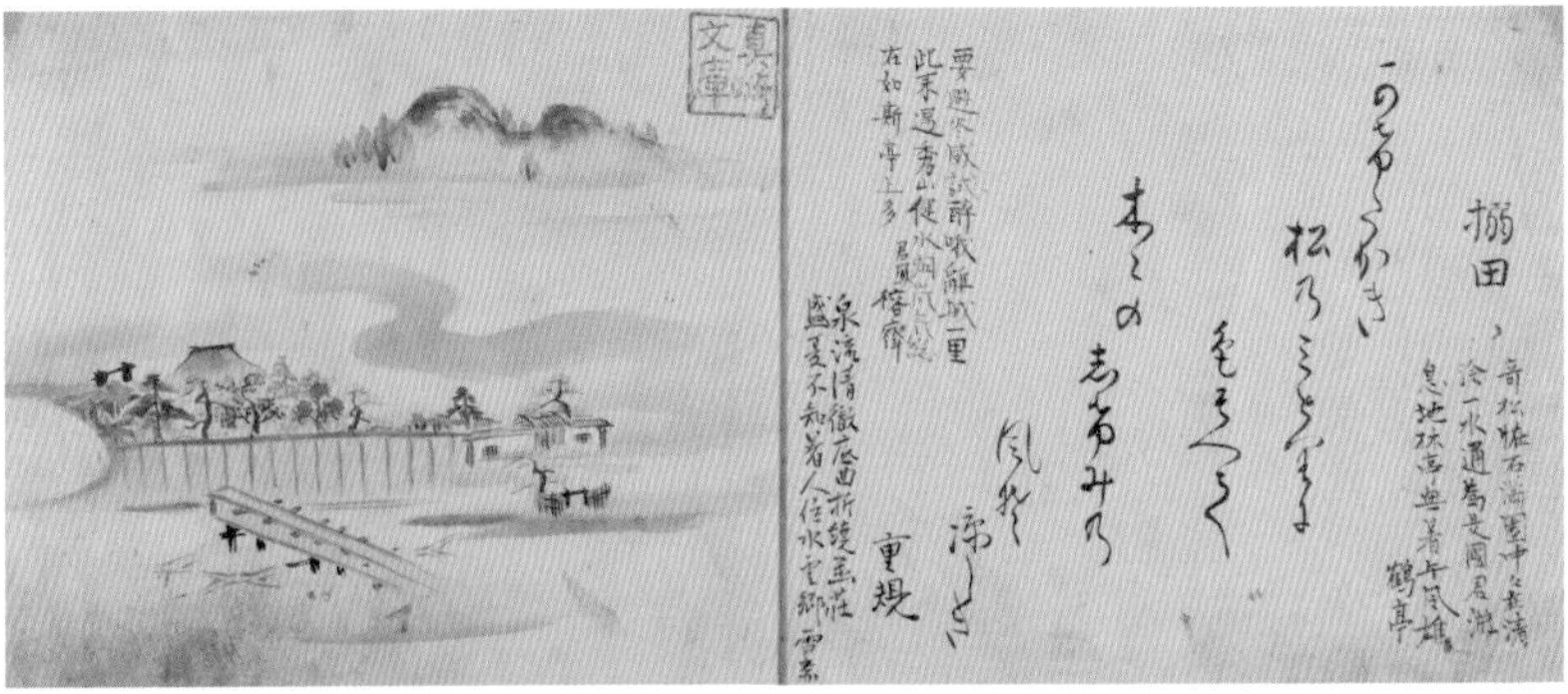

穐田《あきた》十《じゅう》二《に》景《けい》詩歌《しいか》並《ならびに》図絵《ずえ》（搦田《からみでん》）

如斯亭庭園略《りゃく》図《ず》スケッチ

庭園略図スケッチ〔部分〕

第19図　如斯亭十五景

如斯亭保存管理計画書中の
如斯亭十五景

弓字径、超雪谿、佩玉矼の位置が庭園略図と異なる

座頭小路《ざとうこうじ》のいちょう

「座頭小路《ざとうこうじ》のいちょうの木《き》」の看板

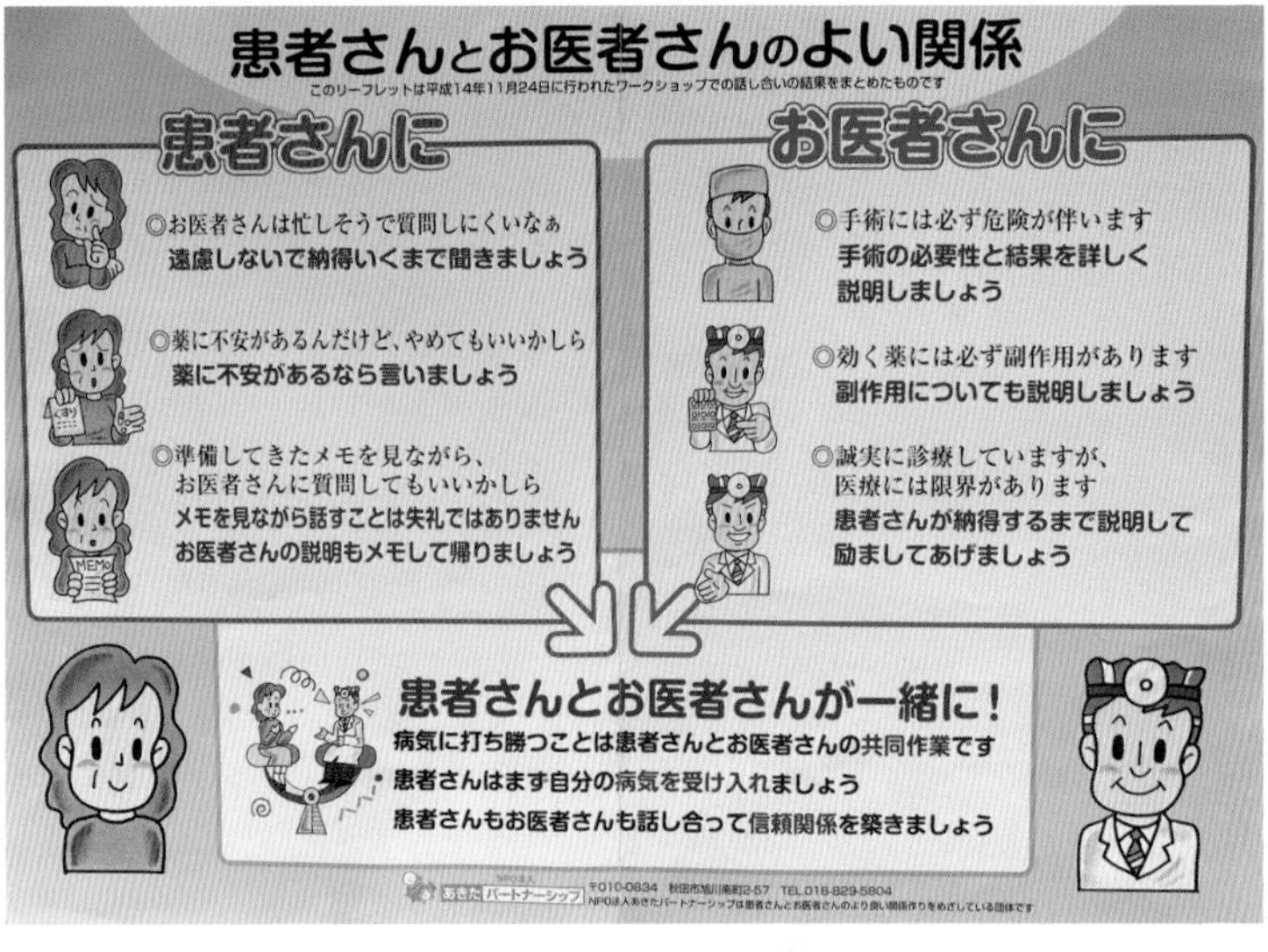

「患者さんとお医者さんのよい関係」のリーフレット

如《じょ》斯《し》亭《てい》ものがたり

丸の内 くるみ

文芸社

まえがき

私は昭和一九年七月、五人きょうだいの末っ子として茨城県水戸市根本町《ねもとちょう》で生まれた。三歳の頃、秋田市搦田《からみでん》にある〔如斯亭《じょしてい》〕に移り住んだが、そこは慶長《けいちょう》五年（一六〇〇）の関ヶ原の戦い後、水戸から秋田に転封《てんぽう》された佐竹氏の旧別邸であった。以後期せずして〔如斯亭〕に一生関わることになったが、水戸に繋《つな》がる縁《えにし》だったのかもしれない。

〔如斯亭〕近くの高校に通い、大学受験を機に京都に移ってから京都に一二年間住んだ。大学卒業後すぐ結婚し、息子を三人与えられたが、夫は授業料値上げ反対闘争《とうそう》で主任教授に睨《にら》まれ、就職も紹介してもらえず、私が三〇歳の時の四月、自ら命を絶《た》った。

私は息子たちを連れて秋田に帰って保育園をつくり、その後秋田市役所に入り、四六歳で市議の鈴木孝雄《すずきたかお》と再婚した。

ところが五七歳の時、夫によって市長選に引っ張り出されて落選《らくせん》した。

その後、如斯亭は国名勝《めいしょう》に指定され、三年後にようやく市へ寄贈《きぞう》することができた。

私はＮＰＯ法人をつくって県施設の指定管理者《していかんりしゃ》をしながら、ＮＰＯ・ボランティア活動の支援をしていたが、どうすれば市民の声を市政に活かせるのかと真剣に考えていた。

〔県立美術館を残したい会〕や、〔市文化会館を考える会〕などを立ち上げ、果てには三度目の市長選に出たがまたもや落選、しかし、ものがたりはそこで終わらなかった。

もくじ

口絵写真

如斯亭
じょしてい

如斯亭《じょしてい》十五景とは

〔如斯亭〕は旧秋田藩主《はんしゅ》佐竹氏の別邸《べってい》で、元禄《げんろく》年間（一六八八－一七〇四）に三代藩主佐竹義《よし》処《ずみ》が近臣大嶋小助《おおしまこすけ》に土地を与えて造らせ、当初は〔得月店《とくげつてん》〕と呼ばれていた。

その後寛保《かんぽ》元年（一七四一）に大嶋家から五代藩主義峯《よしみね》に献上《けんじょう》され、藩主の御休所《おやすみどころ》として手が加えられた。

藩主は近くの温浴《おんよく》施設への行き帰りにも立ち寄ったと言われているが、六代藩主は財政状況から寛延《かんえん》三年（一七五〇）に御休所を取り壊《こわ》した。

しかし秋田蘭画《らんが》でも有名な八代藩主義敦《よしあつ》（雅号《がごう》、曙山《しょざん》）が安永《あんえい》元年（一七七二）に再建に取り掛かり、三間《けん》の座敷を三方の廊下で囲んだ造りとした。

その後九代藩主義和《よしまさ》（一七七五－一八一五）は、御休所の名称を〔如斯亭《じょしてい》〕と改めた。『論語《ろんご》』にある、「逝者如斯夫　不舎昼夜（逝《ゆ》く者《もの》は斯《か》くの如《ごと》きか　それ昼夜《ちゅうや》をおかず）」から取り、意味は、「水流の間断《かんだん》なき流れを嘆賞《たんしょう》しつつ、人間の道も学問もまたかくあるべき」という。

さらに藩校明徳館《はんこうめいとくかん》の学者那珂通博《なかみちひろ》に〔如斯亭十五景〕を選ばせた。

その十五景は秋田県公文書館《こうぶんしょかん》に収蔵《しゅうぞう》されている『如斯亭記・学館命題文稿完《がくかんめいだいぶんこうかん》（以後、如斯亭記）』に書かれており、紅霞洞《こうかどう》、靄然軒《あいぜんけん》、夕陽坡《せきようは》、観耕台《かんこうだい》、清風嶺《せいふうれい》、佩玉矼《はいぎょくこう》、仁源泉《じんげんせん》、超《ちょう》雪谿《せっけい》、玉鑑池《ぎょくかんち》、弓字径《きゅうじけい》、渇虎石《かっこせき》、巨鼈嶋《きょべつとう》、星槎橋《せいさきょう》、幽琴澗《ゆうきんかん》、清音亭《せいおんてい》からなる。

この十五景を平成一八年に発行した『如斯亭の歴史・庭園および建造物群に関する基礎調査報告書（以後、基礎調査報告書）』に基づいて庭園を歩きながら案内すると、次のようになる。

〔**紅霞洞**《こうかどう》〕

東門を入ると通路の両側にある五本の百日紅《さるすべり》が迎えてくれる。八月から九月にかけて紅色の小花が群《むら》がって咲き、その枝の下を潜《くぐ》って御萱門《おかやもん》に向かう様子は、まるで紅色の霞《かすみ》の洞穴《どうけつ》を行くように見えることから名付けられたのではないだろうか。紅霞洞が十五景の最初に挙《あ》げられたのは、藩主をはじめ、みなこの景色を何よりも愛し、〔如斯亭〕に来る時は東門から入っていたことを物語っているのではないだろうか。

〔**靄然軒**《あいぜんけん》〕

藩主は〔如斯亭〕に馬か駕籠《かご》で出かけてきて東門で降り、百日紅の枝の下を通り、御萱門を潜って〔靄然軒〕で一服したのであろう。木々に囲まれた三層石塔や立石の辺りから、靄《もや》や霞が湧き上がる深山幽谷《しんざんゆうこく》の様を想像し、まずはゆっくり見渡していたのであろう。

平成二四年の発掘《はっくつ》調査で、御萱門を入ってすぐ南側に礎石《そせき》が確認されたので、靄然軒はここにあったと推測される。

〔夕陽坡《せきようは》〕
亭内の東の築山〔清風嶺《せいふうれい》〕の南の起点で、四季を通じて常に夕陽が当たる場所である。訪れる度にその夕映えの素晴らしさに感銘を受けた人も多かったのではないだろうか。
〔観耕台《かんこうだい》〕
御萱門を潜るとすぐ目の前にある園内で一番高い築山《つきやま》で、以前は北に広がる添川《そえがわ》の田圃《たんぼ》が遠くまで見渡せ、遥かには五城目町《ごじょうめまち》に繋がる太平山《たいへいざん》の北の稜線《りょうせん》が見えた。藩主は来る度に観耕台の上まで登り、農作業は進んでいるか、稲はよく実っているかなどと眺《なが》めていたことだろう。
〔清風嶺《せいふうれい》〕
東にある北から四つ目の築山で、すがすがしい風の通る頂《いただき》という意味である。涼風は〔清風嶺〕から庭園の正面の芝生を通り、さらに低地にある〔清音亭《せいおんてい》〕、そしてその先の田圃へと絶えず流れていたことだろう。
〔佩玉矼《はいぎょくこう》〕
佩玉《はいぎょく》とは礼服着用時に腰に帯びる玉のことで、〔玉鑑池《ぎょくかんち》〕の周りに点々と配置された飛び石を、腰に帯びた玉になぞらえたものではないだろうか。
〔仁源泉《じんげんせん》〕
庭園の高低差を利用し、〔観耕台〕を背にその南側に滝が設《しつら》えられている。水が勢いよくあふれ出る泉のような滝を指す。〔如斯亭〕の名称は水の流れに由来《ゆらい》し、その源《みなもと》になっている滝という意味ではないだろうか。

〔超雪谿《ちょうせっけい》〕

斜面のくぼみや谷に、夏になっても解けずに残っている雪のある渓谷《けいこく》のことで、伝い落ちる流れの白いしぶきを残雪に見立てたのではないだろうか。

〔玉鑑池《ぎょくかんち》〕

鏡のような池で、玉砂利を敷いた上をさらさら流れる水は、周りの景色や庭園を訪れた人を鏡のように映していたであろう。

〔弓字径《きゅうじけい》〕

東門から入り〔観耕台〕の脇から弓のように曲がった小径を下りてくると、木々に囲まれていた景色が突然開け、目の前に庭園が広がる。景色の劇的な変化を楽しめる隠れた魅力を持つ小径である。

〔渇虎石《かっこせき》〕

北側の築山を背にし〔玉鑑池〕との間に横たわる細長い巨石で、その形から、のどの渇いた虎になぞらえて呼ばれていた。庭をぐるりと回ってちょっと一息、腰を掛け、ここから〔如斯亭〕の建物や庭園、大ケヤキなどを眺めるのも趣がある。

〔巨鼈嶋《きょべつとう》〕

大きな亀の島という意味で、亀は水辺の動物として庭園内の島の名称になることが多いが、ここでは亀よりも鼈《すっぽん》と言われていた。〔渇虎石〕と〔巨鼈嶋〕は御三家の一つ紀州家から贈られたと聞いた。筏《いかだ》の下に括《くく》りつけて海路を運んだのだそうだ。

〔星槎橋《せいさきょう》〕

遠方へ行く筏という名の付いた橋で、〔如斯亭〕の建物から橋を渡ると径《みち》は二股《また》に分かれる。一方は御萱門に通じる径で築山の陰になって見えなくなるが、もう一方は流れに沿って〔清音亭〕に下りていく。その径がはるかに下がっていく様は、遠くへ行くことを連想させたと考えられる。

〔幽琴澗《ゆうきんかん》〕

奥深い静かな谷の意で、ここは流路のうちでも高低差が大きい。〔幽琴澗《ゆうきんかん》〕の流れの音と〔仁源泉《じんげんせん》〕の滝の音とを比べてみるのも趣《おもむき》があり、ここは水が琴の音に似て踊っているように聞こえる。

〔清音亭《せいおんてい》〕

〔如斯亭〕とは隔絶《かくぜつ》された空間で、秋には目の前の田圃に稲が豊かに実り、〔幽琴澗〕から流れ落ちてきた水が、〔清音亭〕の西北角の床下を洗っていく心地よい流れの音が聞こえていた。

十五景は〔如斯亭庭園略図《じょしていていえんりゃくず》（以後、庭園略図）〕に描《えが》かれ、〔如斯亭〕の庭に面した廊下に額《がく》入りで、江戸時代からずっと掲《かか》げられてきた。

本体は大分劣化《れっか》しているが、残されている略図のスケッチ（口絵写真iii）で、十五景の場所を理解することができる。

義和《よしまさ》は天明《てんめい》二年（一七八二）に、これまでの一の間《ま》一二畳に加えて、二の間《ま》八畳を増設《ぞうせつ》した。平成二七年（二〇一五）に〔如斯亭〕を整備《せいび》するため解体《かいたい》した時、一の間と二の間の境《さかい》の梁《はり》の側面に当初の木材に繋ぐ指し口が見つかり、以前は一の間のみで、のちに増設されたことが裏付《うらづ》けられた。

〔如斯亭〕に関わるようになった経緯《いきさつ》

〔如斯亭〕は佐竹氏の居城、久保田城《くぼたじょう》の本丸から北に約一・五キロメートルの搦田《からみでん》にある。城の裏門、すなわち搦《から》め手《て》の方角にあるから搦田と名付けられたとも聞くが、景勝《けいしょう》の地でもあったことから昔の人に、

「山川の風景、日《ひ》の本《もと》の地とも思われぬ。唐《から》を見るという心を持って〝からみでん〟と言うものか」

と言われていたようだ。

藩主は〔如斯亭〕を迎賓館《げいひんかん》としても使っていた。

揚田の西岸を旭川が北から南に流れ、上流の添川《そえがわ》で分流された堰《せき》は〔如斯亭〕の東を流れ、その堰から水が園内に引き入れられていた。

平成二二年に発行された『庭園保存管理計画書（以後、保存計画）』の別編一に、「『如斯亭記』を読む」が載《の》っている。

〔如斯亭〕を愛《め》でて藩校の学者たちが詩を詠《よ》み交流を深めていた様子が偲《しの》ばれるが、住んでいた者としては次の二箇所が特に興味深かった。

一箇所目は滝の水のことで、

「（如斯亭の）著者注水は普段は止めてここには引き込まないのである。ただし佐竹公がここに来遊するときは、ここにその水を引き込むのである。もしもあの日照りの年のような時は、佐竹公が来遊されても、また水は引き込まないのである」

と書かれている。

二箇所目は庭園の西にあった射圃《しゃほ》のことで、

「西に弓矢を訓練する射圃がある。射圃は公（藩主）がここに側近の武士らを招いて、彼らに弓を射る術を習わせ、武術を忘れないようにさせている場所である」

と書かれている。

また、太平《たいへい》目《め》長崎《ながさき》村の肝煎《きもいり》を代々つとめた太平嵯峨《さが》家に残された古文書《こもんじょ》には、

「手形《てがた》村は、天徳寺《てんとくじ》（佐竹家の菩提寺《ぼだいじ》）著者注などの御用《ごよう》の方は免除《めんじょ》してほしいと訴えて免除されたが、そのかわり、搦田御休所（如斯亭）などの御用は手形村一村で勤めることにせよと命じられた。」

「搦田御休所（如斯亭）などへ藩主や藩役人が赴《おもむ》く際には、近在の定められた村は、水汲《く》み、炊事《すいじ》などの御用を勤めるか、代銭を負担《ふたん》することとされていた」

と記されていることが、『秋田市史「近世史料編下」』に載っている。

明治に入り〔如斯亭〕は、それまで藩政に貢献《こうけん》した商人那波《なば》家の所有となった。

私の父は明治四二年（一九〇九）、秋田市の北部、金足《かなあし》村の自作農の三男として生まれた。東京日日新聞の記者などをしていたが、第二次世界大戦末期、戦火が激しくなった東京から水戸に一時疎開《そかい》し、末娘の私はそこで生まれた。

その後父は実兄のやっていた鉱山を手伝うため、福島の母畑《ぼばた》村に転居した。

ジルコニウムを含んだ鉱石を掘っていた鉱山はまもなく理化学研究所に割譲《かつじょう》となり、終戦直前、家族は秋田に戻った。

父は以前から石原莞爾《いしはらかんじ》に師事《しじ》し東亜連盟《とうあれんめい》秋田地方責任者となったが、終戦となり昭和二一年公職追放《こうしょくついほう》となった。

翌二二年、「これからは農業だ。農村青年を研修する場が必要だ」と土地を求めていたところ那波家の耳に入り、掬田の馬場《ばば》を提供しても良いという話になった。

「馬場は庭園と一緒でなければ売らない」

と言われ、

「庭園を欲しいとは思わないが、馬場と一緒でなければと言うならば」と、父は〔如斯亭〕庭園も一緒に那波家から買い、私塾《しじゅく》〔田園学舎《でんえんがくしゃ》〕をここに開いた。

馬場は茶室〔清音亭〕横の階段を下り、メダカが群《む》れる小川を跨《また》いで、田圃一枚あぜ道を西に進んだ突き当たりにあった。

あぜ道から馬場に上がったところに、那波家がテニスコートとして使っていたような地面むき出しのところがあったが、『如斯亭記』に記されていた弓矢を訓練する射圃は、その辺りにあったのかもしれない。

馬場は西岸を旭川が流れ、東西約五〇メートル、南北約二五〇メートルの流れに沿った細長い土地で、現在の旭川南町一丁目、三丁目および五丁目の西側に当たる。

旭川橋から川上二五〇メートルほどの東岸に水路の流出口があるが、それは馬場の北の端《はし》と、隣接の田圃との境を流れていた水路の跡ではないだろうか。

県立図書館にある文政《ぶんせい》一二年（一八二九）の〔羽州《うしゅう》久保田大絵図《くぼたおおえず》（以後、久保田絵図）〕に、〔如斯亭〕が〔搦田御休〕と書かれている。

〔久保田絵図〕には、〔如斯亭〕から佐竹家の菩提寺〔天徳寺〕に通じる道に架《か》かる旭川橋は描かれていないから、旭川橋が架かったのはのちのことであろう。

馬場は北から三分の一ほどの川側半分が杉林で、そこを開墾《かいこん》して畑にしたようだが、弓矢訓練場や馬場など踏み固められた地面も多く、

「耕地として利用できる面積はせいぜい四反歩（約四〇〇〇平方メートル）程度であったから、生産と教育を密着させる塾経営の農場としては、ほとんど役に立たなかった」

と、父は後年、著書『考える土』（新生活事業センター出版部）に書いている。

馬場は川岸を除き、ぐるりと桜の老木に囲まれ、春は見事だったが夏はよく蛇が出た。

小学生の頃、外から帰ってくると兄たちに、

「くるみ、お前の分は戸棚の中に入れといたぞ」

と言われ戸棚を開けると、皿の上に幅三センチくらい、長さ一二、三センチくらいの平べったい白いものが載っていた。

においをかいでも特に臭わない、指で触っても焼いた白身魚のような硬さで、口に入れると

淡白な味がし、違和感《いわかん》なく食べてしまった。

多分あれは兄たちが捕まえた蛇だったのだろうと、後で思った。

馬場の中ほどの川寄りに〔へいわてい（平和亭？）〕という名の東屋《あずまや》跡があり、壁土の細かな砂が、不思議なほどキラキラ光っていたことを覚えている。

北東隅には〔たみてい（田見亭？）〕という東屋があり、柱に腰掛《こしか》けを打ち付けただけの簡《かん》素《そ》な造りであった。

〔如斯亭〕も馬場も近在の農家の田圃に囲まれていて、〔如斯亭〕の築山〔観耕台〕は、〔たみてい〕の南東約一五〇メートルのところにあった。

藩主は東門から入っていた

〔観耕台〕は御萱門のすぐ西側にある築山で、今は登っても周辺の家々の屋根しか見えないが、以前は添川の広い田圃や、旭川油田の掘削機《くっさくき》に繋がる黄色いポールが、何本もキーコ、キーコと田圃の景色の中で動いていた。

〔如斯亭〕は昔から近在の人たちに〝おつぼ〟と呼ばれ、大切にされてきた。

県立図書館の〔久保田絵図〕には〔如斯亭〕の南門しか描かれていないが、〔如斯亭十五景〕は東門を潜った〔紅霞洞〕〔靄然軒〕……の順で始まっている。

また大館《おおだて》市立栗盛《くりもり》記念図書館の真崎《まざき》文庫にある〔穐田十二景詩歌《あきたじゅうにけいしいか》並《ならびに》図絵《ずえ》（以後、穐田図《あきたず》絵《え》）〕の一番手〔搦田〕にも、江戸時代の〔如斯亭〕が描かれている（口絵写真：ii）。〔穐田図絵〕には、〔如斯亭〕の東門、お休みの松、御萱門などが描かれているから、藩主が〔如斯亭〕に来る時は、南門ではなく東門で馬か駕籠を降り、東門から〔如斯亭〕に入ったのであろうと前にも述べた。

藩主が降りた馬や駕籠は道を戻って南門から入り、厩《うまや》や控えの間で待機《たいき》していたのだろう。南門に繋がる〔如斯亭〕の入口には藩主用玄関はなく、厩や台所、控えの間があるだけであった。

東門から入った藩主は庭を巡り、庭先から直接座敷に上がり、帰る時は大ケヤキの下で駕籠か馬に乗り、南門から城へ帰ったのではないだろうか。

〔如斯亭〕が平成一九年に国名勝に指定された後、秋田市が作った『保存計画』には、「義和《よしまさ》が愛した景観《けいかん》を、整え続けていく」と書かれているが、「義和《よしまさ》がどのように、〔如斯亭〕を楽しんだのか」についてはあまり考察されていない。

平成二三年に来秋した文化庁調査官も、

「南門を入口にしたとしても、本来は東門からのルートであったという説明をした方が良いのではないですか。東門から観覧者《かんらんしゃ》を入れるという選択もあるのではないですか。もし東門からのルートが重要であれば、その観点《かんてん》から庭園を整備していくべきではないですか」と指摘してくださったが、その提案は以後の管理に全く活《い》かされていない。

〔穐田図絵〕に描かれた御萱門には、両側に窓が付いている。御萱門がそのような造りの時もあったのだろう。

その〔穐田図絵〕には南門の二本の門柱の上部分が、〔如斯亭〕の茅葺《かやぶき》屋根の左側に描かれている。

しかし平成二四年の発掘調査で礎石が確認されたと前述した〔靄然軒〕を、〔穐田図絵〕の中に確認できないのはどうしてだろう。

また〔穐田図絵〕には、手前中央に、樋《とい》が大きく描かれている。

初期の頃、多分これで園内の滝に流す水を、近くの堰から直接引いていたのであろう。

〔如斯亭〕の東側に隣接する田圃は、周囲の田圃よりも一メートル近く低かったから、〔如斯亭〕は隣接の田圃から直接水を引き込むことができなかった。

いつの頃からか樋での取水を止め、堰と〔如斯亭〕との間に広がる田圃の水路を利用するようになったのではないだろうか。

東門から御萱門に通じる通路の南側に、周辺の田圃と同じ高さの土手を造って上に水路を切り、庭園の板塀まで延《の》ばし、銀杏《いちょう》の木の下から園内に水を入れるようになったのだろう。〔穐田図絵〕にはお休みの松が東門の南側に描かれているが、水路の土手を延ばすことになった時、松は邪魔《じゃま》になり、東門の北側に移されたのだろう。

事実、私が子どもの頃のお休みの松は、東門の北の道路端にあった。北の仁別《にべつ》の山から天然《てんねん》秋田杉を運んでいたトロッコは、昭和三〇年代トラックに代わり、道路に伸びた松の枝は通行妨害《ぼうがい》となり、枝がブツブツ切られていたようだ。

その後この県道は二回拡幅《かくふく》されたが、二回とも〔如斯亭〕の側のみが削《けず》られ、道路端《ばた》のお休みの松は、いよいよ伐採《ばっさい》されることになった。

「文化財庭園の松です。伐らないで園内に移植《いしょく》してください」

と頼んだところ、県が移植した場所はなんと松が以前生えていた東門の南側であった。

旭川から分流された堰は今も流れ続けているが、堰と〔如斯亭〕との間にあった田圃はすべて宅地化され、もはや堰から水を引けなくなっていた。

時の流れの中で、お休みの松も何度か憂《う》き目にあっている。

そして県道拡幅の際、東門は解体された。

五本あった〔紅霞洞〕の百日紅の一本は枯れ、県道に近い二本はその時〔如斯亭〕の南側に一時移植され、今も南門付近の茅葺《かやぶき》小屋そばに植えられたままになっている。

国指定名勝となった後、平成二三年から二九年にかけて一二回開かれた〔名勝旧秋田藩主佐竹氏別邸（如斯亭）庭園整備指導委員会（以後、整備委）〕の第一回会合で、「（南門付近は）著者注後継木《こうけいぼく》のバックヤードとして整備を行う」と話し合われたにも拘《かかわ》らず、〔紅霞洞〕の百日紅は未だ〔紅霞洞〕に戻されず、〔紅霞洞〕には百日紅の苗木が後継木として植えられている。

大ケヤキと旭川の増水

南門は佐竹家の菩提寺〔天徳寺〕に通じる市道に面し、黒塗りの冠木門《かぶきもん》であった。扉には小さなくぐり戸が付いていたが、いつも大扉が両側に開かれ、日常の出入りに使われていた。

昭和二二年、父は冠木門の門柱に〔田園学舎《でんえんがくしゃ》〕の看板を掛けた。

冠木門から〔如斯亭〕までは幅三メートルほどの通路で、両側は細い杉の生け垣であった。門を入り七メートルほど進むと一旦突き当たり、通路は左に折れてすぐ右にカーブを描くように曲がり、厩や控えの間がある入口に至った。

通路が右に曲がり始めると前方に、大ケヤキが圧倒的な存在感で立っている。ケヤキの手前にはオニグルミやクリの木が生え、一帯は一面クマザサに覆《おお》われていた。

この大ケヤキにはフクロウが来て鳴いていたことも、キツツキが来ていたこともあった。〔如斯亭〕の茅葺《かやぶき》屋根の上に伸びたケヤキの大枝の紅葉は見事で、橙《だいだい》色に染まった大枝に見とれて絵を描いたこともある。

〔如斯亭〕を右手に見ながら大ケヤキに向かって進むと、右前方に庭園が見えてくる。〔如斯亭〕の中に入り北面の廊下に立つと、大ケヤキはあたかも松の廊下の松のように、ちょうど西正面に見える。

ケヤキがその位置になるように、〔如斯亭〕は建てられたのかもしれない。三代藩主義処がこの地に別荘〔得月店《とくげつてん》〕を造らせたということは、この地が以前から景勝の地であったということになる。

そして大ケヤキは、少なくとも〔得月店〕より一〇〇年以上前から生えていただろうから、現在は樹齢《じゅれい》が優に五〇〇年は超えているだろう。

秋田市の元林務課職員吉田直也《よしだなおや》氏がまとめた『秋田市の木と林と森』には、大ケヤキのことが次のように書かれている。

「樹齢より推定して築庭当時すでに相当の大きさに達していたと考えられることから、屋舎《おくしゃ》の位置や庭園設計に何らかの影響を与えたことは疑う余地がない」

ケヤキに隣接して〔清音亭〕への下り口に以前カシワの大木が生えていて、一度根元に舞茸《まいたけ》が生えたことがあった。

喜びすぎて採取する時根を傷めてしまったものか、翌年以降、待てど暮らせどもう舞茸は生えてこなかった。

このカシワはいつの間にか内部が空洞になっていたらしく、〔如斯亭〕内で〔虫聞きの茶会〕が開かれている最中強風にあおられて、ドドーンと芝生に倒れた。

天気が良ければ芝生で野点《のだて》の予定であったので、みな青くなった。

南門が面していた市道ものちに拡幅され、南門もこの時解体された。

昭和二二年〔如斯亭〕に移り住んだ当初は、庭園の芝生《しばふ》にもスイカなどを植え、売り物にならないスイカを、スイカ割りして食べたことを覚えている。

〔如斯亭〕の東側は竹林で、竹林の中には父が推奨《すいしょう》していたシイタケの榾木《ほだぎ》が並べられていた。

竹林の南側には豚小屋・鶏小屋が建てられ、山羊《やぎ》、緬羊《めんよう》、兎などの小動物も飼育《しいく》されていた。

父が県内をシイタケ栽培《さいばい》研修で回る時は、研修生が動物の世話をしていた。

南門そばの茅葺小屋には水車がしまわれ、水車用の石臼が、中にも、外にも並んでいた。

旭川は度々増水し、濁流となった川は馬場を呑《の》み込み、〔清音亭〕はあっという間に屋根が見えるだけとなった。

水は〔清音亭〕横の階段の上から四段目くらいまで上がり、水が引くと〔清音亭〕の天井の下五センチメートルぐらいに増水の跡《あと》が残った。

川はその度に大量の土砂を馬場に残した。

なんでも遊びにしてしまう兄たちは、増水した時一度、流木を繋げて筏を作ったと、後で聞いた。

馬場と〔清音亭〕の間の増水した田圃で、本流ではなかったから良かったものの、今考えても危ない遊びをしていたものだ。


やがて社会は落ち着き、父は二六年に秋田市役所勤務となった。

〔如斯亭〕は翌二七年に秋田県史跡第一号に指定され、同年〔如斯亭〕の庭園・建物等に整備費が付いたがその年だけで、毎年の維持管理費が出たわけではなかった。

父はその後馬場に〔秋田ヘルスセンター〕を建て、敷地《しきち》内で出た天然ガスと温湯で大衆浴《たいしゅう》場を造り、ようやくそれまでの借財を返すことができたようだが、庭園の剪定《せんてい》、除草《じょそう》、清掃等の経費はかかり続けていた。

旭川は上流にダムが造られ、流域《りゅういき》に土手がめぐらされ、ようやく増水することはなくなった。

子ども時代と庭園の改変

子どもの頃は庭を駆《か》け回り、竹林の竹でチャンバラごっこをし、築山の低く枝を伸ばした松の木から、落下傘《らっかさん》ごっこと称して何度も飛び降りて遊んでいた。

冬は芝生の上に雪だるまを繋げてかまくらを作り、〔清音亭〕横の階段をデゴデゴ揺られながらそり滑りをした。

小学三年から六年までバレエを習っていて、チュチュを着て、池の〔巨鼇嶋〕で踊ってみたいとずっと思っていた。

誰もいない時を狙《ねら》ってやってみたが、〔巨鼇嶋〕は平らな石とは言っても微妙《びみょう》な凹凸があり、いざ踊ろうとしたらトウシューズが引っかかって池に落ちそうになり、怖《こわ》くなってやめた。

江戸時代に〔如斯亭〕はどんな風だったかと、あれこれよく想像した。

妙な夢を見た。

〔清音亭〕は四畳半で囲炉裏《いろり》は切られていないのに、その夢には囲炉裏があった。

おかしいなぁとよく見ると囲炉裏ではなくて、下り階段になっていて、さらにのぞくと鞍馬《くらま》天狗《てんぐ》がニヤッと笑っていた。

怖い話もある。

一の間《ま》と二の間《ま》は三方が広い廊下で囲まれ、一の間の東側にはさらに〔殿様の便所〕がある。

高校時代は大ケヤキに近い二の間《ま》が勉強部屋で、父母たちは南側の居間で寝ていたので、隣の一二畳の一の間《ま》は真っ暗で誰もいない。

期末試験の最中で、寝不足の日が何日か続いていた。

その日も、午前二時は過ぎていたと思う。

いわゆる丑三《うしみ》つ時《どき》で、疲れすぎて気持ちが高ぶり、眠ろうとしても眠れない。

その時殿様の便所の方から、廊下伝いに誰かが歩いてくるような音がした。

夢だろうと思い、寝直そうと布団の中で寝返りを打っても眠れず、足音はだんだん部屋に近づいてくる。

とうとう部屋の前で止まった。

そして、障子が開けられる音がした。

怖くて目を開けられない。

声も出ない。

何かが布団の上に乗っかってきたようだが、いつの間にか眠ってしまっていた。

ネコを飼っていたわけではないが、乗っかってきた重さまで記憶《きおく》に残り、妙に現実感があった。

以前父は、

「市長から〝〔如斯亭〕を譲《ゆず》ってくれ〟と言われたが断《ことわ》った」

と言っていた。

〔如斯亭〕の維持《いじ》に思い悩《なや》んだ父は、子どもたちがみな進学等で秋田を離れたのを機に、昭和三九年〔旅館　名園如斯亭〕を始めた。

この時江戸時代に近在の農家の人たちが、水汲みや炊事などの御用をしていた控えの間や厩部分を解体し、そこを旅館に改造してしまった。

そして三番目の兄が、銀座の懐石《かいせき》料理店「辻留《つじとめ》」を辞めて旅館の板場《いたば》に立った。

その後父は、自宅を〔紅霞洞〕や御萱門付近に移し、庭園の改変・喪失をさらに深めた。

御萱門付近は旅館の建物からは見えにくいという理由で自宅を移したとすれば、父は〔如斯亭十五景〕の価値を、ほとんど理解していなかったことになる。

庭園の命は、水の流れである。

以前近くの堰から引いていた水が全く引けなくなったので、園内の何箇所かで井戸を掘ったが、うまくいかなかった。

結局池に水を溜めることにし、池を深く掘り、底や水路をモルタルで固めてしまった。

またお茶を楽しむ客に請《こ》われ、〔清音亭〕に水屋を付け足し、床下を流水が洗っていた造りも壊してしまった。

そうした一つ一つの造作《ぞうさく》が、〔如斯亭〕の歴史的価値を減じてしまった。

如斯亭を市に差し出せ

昭和六一年に父が亡くなり、旅館を廃業《はいぎょう》し、母ときょうだい五人で、

「土地・建物の分割・譲渡《じょうと》・変更はしない」

と契約を結んだ。

平成二年、私は市議の鈴木孝雄と再婚した。

八年には神奈川の姉が亡くなり、〔如斯亭〕の権利を甥《おい》が引き継いだ。

新たな相続が発生したので、〔如斯亭〕の市への寄贈を具体的に進めてほしいと、同年暮れ市文化振興室を訪ね、お願いした。

当時私は秋田市役所の国際交流課長をしており、寄贈はプライベートなことではあるが市に関わることなので、上司に経緯を報告した。

上司は、

「寄贈、寄贈と難しい条件を付けず、使ってくれるだけでもありがたいと、市に差し出すもの

だ」

と言った。

一瞬私は、何を言われているのかわからなかったが、〔如斯亭〕についてはきょうだい間で契約を結んでおり、「条件を付けずに、市に差し出すものだ」が耳に残り、「それはできません」と即答《そくとう》した。


市役所内には、「一時でも職員であった者は、上司あるいはそれなりのポストにいる職員には従うものだ」という文化がある。「それはできません」と即答したことがその後の人生を大きく変えたと、後でよくよく思い知らされた。

三か月後、市史編さん室長への異動《いどう》を命じられた。

半年ほど経って、市史編さん委員長の秋田大学名誉教授新野直吉氏が言った。

「丸の内さん、あなたはここに左遷《させん》されたんだよ。先日、市内の著名な人が僕を訪ねてきて、〝企画調整部の幹部が、今度編さん室長になった丸の内はわがままで仕事もできない、とんでもない女子《おなご》だと言った。私は彼女の亡くなった父親と親しかったので、本当にそうなら、父親の代わりに彼女に意見してやらなければならないと思って来た〟と言った。

そこで僕は、あなたが編さん室に来るなり、次の日にはすぐ東京や仙台に飛び、各編さん委員等を訪ね、彼らから出た一〇〇項目を超える要望をまとめ、それを次々に実現してきていることを伝えた。その人は納得《なっとく》して帰って行った。僕はあなたが来てくれて、一五年計画の編さん事業が七年目にしてようやく動き出したことに感謝しているが、あなたはここに左遷されたんだよ」

寄贈〝ご破算〟の記事が出て

平成一〇年春、父の法要を機に集まったきょうだい間で〔如斯亭〕の寄贈について意見が分かれた。

県外の二人が、

「秋田市は、信用できない」

と言い出した。

土地は母ときょうだい五人の共有であったので、全体を一括して市に寄贈できれば、お金のあまりかからない登記で済むようだったが、反対者が出たのでそれはできなくなった。

寄贈反対者の持ち分を庭園の中心部から引き抜き、南門近くの駐車場に集めたので、分筆《ぶんぴつ》代が相当かかった。

同年暮れ、文化振興室を訪ね、

「年内に整理し、一一年中には寄贈できるようにしますから、よろしくお願いします」と念を押し、一二一三坪、約一億円の土地を市に寄贈できるように整理し、一一年度に〈如斯亭〉の管理費が予算化されるものと思って知らせを待った。

しかし一一年二月になっても一向に情報が入らず、三月に遠慮《えんりょ》しながら問い合わせると、一月の市長査定には〈如斯亭〉の予算は盛り込まれず、前年の一二月末には既に出ていた結論だった。

「一二月中に知らせていただければ分筆を途中で止め、出費をせずに済んだ費用もあったのですが……」

と遠慮しながら言うと、担当者はあたかも市への寄贈は迷惑とばかりに、

「〝県指定文化財なのに、なぜ県に行かず市に寄贈したいと言うのか〟との意見もあったんですよ」

と言う。

市の不誠実な対応に納得できず、夫に顛末《てんまつ》を話した。

直前まで市議会（以後、市会）議長だった夫は鼻息荒《はないきあら》く、ここぞとばかりに、

「マスコミに流せ」

と言った。

「えっ、中央紙？」

「地元紙に決まっているだろう」

「地元紙？　それじゃ私、市役所にいられなくなる」

「お前らしくもないな。言えって！　それしかないだろう。言わなきゃダメだ」

三日後、「秋田魁新報」に、

「県指定史跡・秋田市の如斯亭　市への寄贈〝ご破算《はさん》〟」

の見出しで記事が出た
紙上で市担当者は、「ありがたい話でもあり、予算要求をしたが、通らなかった。寄贈を受けた場合の整備、活用計画が詰《つ》まっていなかった」

と語った。

その年、これまで〔如斯亭〕の手入れを一人でやってきた兄が、

「以後の管理は任せて」

ときょうだい全員に言った。

初めての市長選

平成一三年夏、石川錬治郎《いしかわれんじろう》市長が女性問題で一年早く辞任《じにん》し、市長選となった。

その展開がなければ、夫は一年後の市長選に出るつもりでいたから、早々に立候補《りっこうほ》を表明《ひょうめい》した。

昭和五三年に亡くなった義父は民社党の国会議員で、弁護士をしていた叔母の話は有名である。

夫が市議に初当選した時、近所の人が、

「叔母さんの弁護士先生、いつもは鈴木さんの悪口を言っているけれど、選挙になったら近所を回ってきたから思ったよ。やっぱり叔母さんだね、〝よろしく〟って回ってきたんだと。だけど、びっくりした。〝鈴木に票を入れないでください〟だもんねぇ」

叔母と連携した革新系市議の不愉快《ふゆかい》な動きがあって、夫は当選後革新系《かくしんけい》会派に入らず、五期とも保守系《ほしゅけい》に属し、四期目に議長を務めた。

しかし保守系会派にいたことで、連合も革新系国会議員も、

「市長選は支援できない」

と言った。

さらに、

「前市長は女性問題で辞めた。だからこの選挙は女性を立てた方が市民の賛同《さんどう》を得られる。あなたの奥さんを出しなさい」

と続けた。

「ええっ！」

同席していてびっくりした。

家に帰り、

「あなたが出なくても私は出ないよ。前の夫《ひと》の自殺で人生観が変わったと、あなたにも話したでしょう」

と伝えると夫は睨《にら》むように言った。

「お前が出なければ、俺の政治生命は終わるんだぞ」

「えっ、そうなの？　それって、本当？」

今ならわかる。

選挙は、その時、その時の流れがある。

たとえ妻が代わりに出なくとも、それで夫の政治生命が終わるなんてあり得ない。

しかしその時は、「俺の政治生命が終わる」とまで言われれば、「出ない」という選択肢《せんたくし》はなく、数日前、夫の選挙を手伝うために市の職員を辞《や》めたはずが、にわかに私は市長選に出る羽目になってしまった。

選挙戦は候補者五人の戦いとなり、元県職員の佐竹敬久《さたけのりひさ》氏が勝ち、元県議の穂積志《ほづみもとむ》氏が次点、私は三位であったが、期間中ずっと、「旦那を引きずり下ろして、妻が出た」と言われ続けていた。

選挙直後、佐竹新市長が〔如斯亭〕の駐車場で開かれた地域の夏祭りにやってきた。

市長が〔如斯亭〕の保護に乗り出す動きは全く見えなかったが、本人に会って確かめるまで文句は言うまいと挨拶に行った。

「如斯亭のことを、よろしくお願い……」

と言いかけたところ、

「あ……、それは……」

と両方の掌をこちらに向け、目の前でひらひらさせて一切話を聞こうとせず、挨拶《あいさつ》も受けなかった。

市役所内での打ち合わせが、透《す》けて見えた。

そしてその年、母が亡くなった。

〔如斯亭〕の寄贈は以後八年、計約一〇年間店晒《たなざら》しとなった。

そして市観光ガイドブック、市内観光バスルート、市の出すタウンマップなどすべてから、近くのコンビニは載っていても〔如斯亭〕は削除されていた。

〔如斯亭〕の管理には、樹木の剪定、マックイムシ防除《ぼうじょ》、除草、清掃など、毎年二〇〇万円以上はかかり続けていた。

私は一四年春、庭園内の建物で〔ＮＰＯ法人あきたパートナーシップ〔以後、パートナー〕〕を立ち上げ、〔如斯亭〕については市を当てにしても話が進まないので、翌一五年県に寄贈を申し入れた。

「県指定史跡第一号です。相続がまた新たに発生し、今のままでは庭園が切り売りされかねません」

一六年、県から回答が来た。

「市が要《い》らないものを、県も要りません」

市がダメで、県もダメならば、国に行くしかない。

ありがたいことに、霞が関にいる同級生が、担当幹部を紹介してくれた。

その夏、担当幹部を訪ねてお願いした。

「如斯亭は、秋田市にも秋田県にも要らないと言われました。新たな相続も発生してしまい、このままでは庭園が切り売りされかねません。国で受け取っていただけませんか」

担当幹部は、

「ふっふっふっ、国で受け取ることは無理ですね。でも如斯亭のことは調査官からも聞いています。少し時間をください」

県や市の冷たさとは、あまりの違いだった。

さらにその年、文化庁文化財保護審議会《ほごしんぎかい》専門委員の龍居竹之介《たついたけのすけ》氏が〔如斯亭〕に来られ、一の間で半日寝転んで時を過ごしてくださった。

「あぁ、いい庭だ。この建物の間口《まぐち》に合った庭になっている。コンパクトな中に、築山や池などでメリハリをつけたこれだけの庭は、図面の上で描けたとしても、なかなか造れるものではない。なるほど如斯亭は大名《だいみょう》庭園だ。この庭に惚《ほ》れた」

手放しで褒《ほ》めてくださった。

さらに〔庭園略図〕について、

「あの額入りの古図は写真に撮《と》るだけでなく、新しく描き写《うつ》したものを作るのがいい」

と言われ、さらに龍居氏は月刊誌『庭』一五五号の「おりおりの庭園論」に、次のように〔如斯亭〕を紹介してくださった。

「（庭の様子は）著者注 如斯亭内に掲げられている如斯亭十五景を描いた古図〔庭園略図〕ともよく合致《がっち》している。県も市もその重要性は認識しているものの、受けとったあとの維持費の捻出《ねんしゅつ》が難しい点、活用の見通しがない点などを理由に、物別《ものわか》れになっているようだ。それにしても〔県指定第一号〕という文字がいやに軽く見える」

一七年早春、霞が関から自宅へ直接電話が入った。

「如斯亭に予算を付けることになりました」

その数日後、県の会議で担当職員に言われた。

「如斯亭のことを、〝寄贈ご破算〟などと新聞に書くからいけないのだ」

「国から連絡がありまして、来年度予算を付けてくださるとのことです。よろしくお願いいたします」

「ああ、そう……。丸の内さんは、いいファンを持っていて幸せですね」

彼は慌《あわ》てて言った。

同年補助金が約四〇〇万円付き、市文化振興室が窓口になり、専門家に監修《かんしゅう》を依頼し、『基《き》礎《そ》調査報告書』を発行することができた。

そしてこの報告書により一八年、国名勝指定の申請をすることができた。

国名勝に指定される

平成一八年、全国の文化財庭園を管理している技術者の集まりである〔文化財庭園保存技術者協議会〕が、名勝指定の弾《はず》みになるようにと、〔如斯亭〕を会場に〔文化財庭園フォーラム〕を開いてくださり、全国の名だたる親方衆《おやかたしゅう》が、〔如斯亭〕の植木の剪定から池の泥浚《どろさら》いまでしてくださった。

二日目の園内での市民公開フォーラムで龍居氏は一般参加者を前に、

「庭の稜線は、松の緑で創っていきます」

声を張り上げて説明され、隣地アパートの目隠《めかく》しをしているメタセコイアを、

「江戸時代に、メタセコイアはありません」

と目隠しの役割を持たせながら、低い高さで伐採するよう指示された。

さらに、以前台風で倒れた松の代わりに植えた枝垂桜《しだれざくら》について、

「桜は見どころが一〇日間だが、必要かね」

と私に尋ねられた。

「以前なかったものです。庭に必要なければ要りません」

「その桜、切れ」

枝垂桜は見ている前で切り倒された。

台風で松が倒れたのならば、松の後継木を植えなければいけなかったのだと気付《きづ》かされた。

その後のパネルディスカッションで私は、これまでの経緯を報告した。

「庭の一番の問題は、水をどのように確保するかです。以前は近くの堰から水を引いていましたが、今は引けなくなりました。園内で井戸を掘りましたが、鉄分が強く赤茶けた水で清流に

程遠《ほどとお》かったり、水量が少なかったり、ようやく掘り当てても、水路にネズミ穴、モグラ穴が開いていて水が逃げてしまいました。そこで池に水を溜《た》めようと考え、池を深く掘り、池の底や水路をモルタルで固めてしまいました。

また清音亭でお茶を点《た》てる人たちから水屋《みずや》を付けてほしいと言われて建て増しし、茶室の床下を流水が洗っていた景観を壊してしまいました。

そうした一つ一つのことが、如斯亭の改変・喪失を深めてしまいました。

また如斯亭東側の県道が拡幅され、二回とも如斯亭側のみが削られ、東門が解体され、十五景の紅霞洞の百日紅を移植しなければならなくなりました。自治体担当者が文化財に理解が深かったならば、違うやり方もあったのではないかと思います」

一九年二月六日、〔如斯亭〕は〔旧秋田藩主佐竹氏別邸（如斯亭）庭園〕として、国名勝に指定された。

「市の上層部は担当部署に、〝名勝指定申請をしないように〟と相当圧力をかけた」と後で聞いた。

父の死去から二一年経っていた。

同年、市への寄贈が実現するまで少しでも良い管理ができるようにと、〔如斯亭を守る会〕

を作った。

そして〔守る会〕主催で、一般公開をすることができた。

史実が曲げられて

市は平成二〇年から翌二一年までの間、五回にわたって、〔如斯亭保存管理計画書策定委員会（以後、保存計画委）〕を開いたが、所有者は排除《はいじょ》され続けた。

初会合から、話し合いが全く聞こえない入口付近に座らされた。

議事録には、他の委員や市の担当者はフルネームで記されていたが、複数出席の所有者の名前は一切書かれず、ただ〝所有者〟とのみの記載であった。

毎回出席しているのに、会次第に出席者として名前が記載されない時もあった。

さらに発言は求められた時にしかできず、所有者はこの位置づけを変えるようにと、何度も要望したが変わらなかった。

加えて、

「計画を作ることと、寄贈とは別問題です。委員会では寄贈の話は出さないでください」

とくぎを刺され、寄贈はなかなか進まなかった。

名勝指定されたことで一九年から補助金が入るようになったが、補助額の四分の一は所有者が負担し、予算額を超えた管理費も所有者負担となっていたので、毎年の負担額は一〇〇万円を超えていた。

所有者はそれぞれに、子ども時代を過ごした〔如斯亭〕を愛していた。

成長する過程で〔如斯亭〕が改変・喪失された事実を、申し訳なく思っていた。

市に寄贈し、国の制度で〔如斯亭〕をできる限り以前の形に戻したいと願っていた。

寄贈が実現するまでは維持管理しようとしてきたが高齢となり、肉体的にも金銭的にも限界となった。

市はそのような所有者の足元を見て、高圧的《こうあつてき》な対応を取り続けた。

甥に言われた。

「僕は叔母さんの対応に不満を持っています。叔母さんと市との対立が如斯亭問題に持ち込まれ、寄贈が成立しても、寄贈後の保存管理は良好なものにならないでしょう」

甥は、私と市との間に、特別な対立関係があると思っていたようだ。

しかし私と市との関係は、市職員時代に上司が〔如斯亭〕を、「条件を付けずに、市に差し出すものだ」と迫り、「それはできません」と即答したことから始まっていた。

保存計画の方針は、〔如斯亭〕をできる限り九代藩主義和の頃に戻すこととされた。

文化財の保存計画については、文化庁の『史跡《しせき》等整備のてびき』に、

「史跡等を確実に伝達《でんたつ》するため、その本質的《ほんしつてき》価値と構成《こうせい》している要素《ようそ》を明確にし、保存・管理していくこと」

と書かれている。

龍居氏も〔如斯亭〕の本質的価値について『庭』一五五号の「おりおりの庭園論」で、「如斯亭十五景の図（庭園略図《著者注》）は何よりも貴重と言わねばならない。むしろこの図の存在こそ、この庭の最大の価値と魅力でもあるのだ。もともと庭の図は、そうそう多く残されているわけでもない。如斯亭の図は十五景という名の下に、庭園内のポイントが場所の名前ともどもしっかり書き記されている。これが何よりもすばらしいことなのである。普通は何景、何勝と記されていても、それがどこを示すかは分からないことが多い」

と述べており、さらに氏は〔如斯亭〕の魅力を、

「庭は如斯亭の北側に北下がりに広がっていて、斜面は芝生地になっている。降りきった地点に東西に長い池泉《ちせん》がつくられており、池への水は東北隅の瀧口から落ち、流れとなって西の端に立つ茶室・清音亭を経めぐって流出する。この池泉の先には、東から西へ高さを低めた築山がしつらえられ、東北の築山上に立石二石による瀧口が構えられていて、その脇に三層石塔が添えてある」

と書いてくださった。

また甥も彼なりに、〔如斯亭〕の本質的価値を、

「傾斜地《けいしゃち》を巧みに利用して作庭された日本庭園である。すなわち御萱門から築山まで登ってくる景観と、築山から庭園中核部分まで降りてくる景観の違いを演出している。

さらに如斯亭に座したまま、園内の景色から遠景まで見通せる視界を作り出している。また崖《がけ》により視界が遮《さえぎ》られ、如斯亭から死角になる北西角の最低部に清音亭を配し、一つの独立した空間としている」

とまとめていた。


〔保存計画委〕の委員長は、市が以前選任した『基礎調査報告書』の監修者でもあり、〔庭園略図〕を何度も見、『保存計画』にも紹介しているのに、その『保存計画』に、

「如斯亭庭園は作庭以降の資料、特に絵図がほとんど見つかっていない」

と史実を曲げて述べ、十五景についても、

「〔紅霞洞〕〔靄然軒〕〔観耕台〕〔夕陽坡〕は欠失や位置が不明確」

と断定した。

さらに〔佩玉矼〕〔超雪谿〕〔弓字径〕を、〔庭園略図〕とは全く異なる場所として『保存計画』に記していた（口絵写真ⅳ・ⅴ）。

所有者を保存計画委から排除したのは、そのためだったのかもしれない。

加えて保存計画では、何を〔如斯亭〕の本質的価値と捉《とら》えるかについても、はっきり述べられていない。

〔庭園略図〕の認識が誤っていては、〔如斯亭〕の本質的価値は語れないだろう。

また、〔如斯亭〕において中心となる建物は〔如斯亭〕、茶室は〔清音亭〕、庭園は如斯亭庭園であるにも拘わらず、保存計画では〔如斯亭〕を〔如斯亭（主屋《おもや》）〕や〔主屋《おもや》〕と、古文書にもない〔主屋《おもや》〕なる言葉を多用していた。

加えて〔観耕台〕の登り口の三個の黒い踏み石もなくなった。

南門駐車場と指定外建物

平成一九年に名勝指定を受けた時、南門駐車場は指定に入っていなかった。「秋田市を信用できない」と市への寄贈に反対した市外所有者の持ち分を、駐車場に集めたからであった。

この時寄贈に拘らず、まず〔如斯亭〕全体が名勝指定されるよう申請していたならば、追加指定にこれほど難儀《なんぎ》することはなかっただろう。

「早く市に寄贈し、早く〔如斯亭〕の管理から解放されたい」

その時の所有者の心境《しんきょう》であった。

文化庁は名勝内に駐車場や観光施設をつくることを許可していない。

父が死去し旅館を閉館した後、庭園の管理費用は南門付近で臨時に始めた駐車場から得ていたが、市や文化庁には、

「駐車場は、二一年いっぱいでやめます」

と伝えていた。

しかし市はことあるごとに、

「駐車場は如斯亭を訪れた人のために欠かせない」

を繰り返し、観光バス駐車場や観光施設の設置にこだわっているかのようであった。

所有者間でも、

「あんまり強固に主張すれば、寄贈自体が失敗するのではないか」

「庭の中心が保存管理されるならば、駐車場はやむを得ないのではないか」

など何度も意見が揺れた。

そのような状況の中、甥は県外所有者を説得し、寄贈に反対であった二名も、

「国名勝に指定されるならば、寄贈してもいい」

と賛同に変わった。

私はこの時、市がこだわっている駐車場を近くに探す必要があると考え、近隣の空き地所有者を訪ねた。

突然伺ったにも拘らずその方は、快く話を聞いてくださった。

「今、あの土地を売る予定も、建物を建てる予定もありません。市関係者にそのことを話してくださって結構ですよ」

そこで直後の〈保存計画委〉で、空き地所有者の言葉を紹介した。

「すぐ近くにバスも止められる駐車スペースがあります。所有者の了解を得ましたのでお伝えします」

しかしその後、市が動いた様子はなかった。

これで市は駐車スペースを探しているのではなく、南門付近の土地を自由に使いたいとこだわっていることが見えてきた。

甥はこれまでのすべての市とのやり取りを、県、文化庁担当者に同時配信していたので、県、文化庁は市の動きをすべて知るところとなっていた。

市は寄贈者に解体費用も出させようとした

園内には所有者の住居や物置、旅館の一部など、文化財指定以外の建物が五棟あった。

市は平成二〇年、一二一三坪、約四〇〇〇平方メートルの文化財を寄贈しようとしている所有者に、解体費用も出させようとし、

「指定外建物を、まず解体してください」

と言った。

これらの建物は不法に建てたものではない。

補償《ほしょう》の対象になるが、所有者は補償を求めてはこなかった。

〔如斯亭〕や庭園の買い取りも求めてはこなかった。

市へ無償《むしょう》で寄贈し、自費で園外に住居を建てると伝えてきた。

にも拘らず、約一〇年間店晒しされてきた。

同年暮れ、翌年の知事選を控え、ようやく佐竹市長は、「寄贈を受ける方向で、検討するように」と担当者に指示したようだが、所有者には一切知らされなかった。

また市は指定外建物の解体見積書を出していたにも拘らず、二一年に撤回し、

「指定外建物をそのまま受け、管理事務所として利用したい」

と言った。

甥は怒った。

「所有者の苦境《くきょう》に付け込み、市は都合の良いように利用しようとしている。九代藩主義和時

代に戻すという方針の庭園に、指定外建物の使用は不適切だ。補償を放棄《ほうき》した寄贈者への背信《はいしん》だ」

市は居直《いなお》った。

「指定外建物をすべて解体することは、何一つ決まっていない」

寄贈反対の所有者二人が軟化したので同年、私は再び名勝の追加指定を受けられるよう、霞が関の同級生にお願いした。

文化庁の担当者は保存計画委に、

「追加指定についても委員会ではっきりと議論し、記録に残すように」

と注文を付けてきたが、保存計画委では追加指定について議論されなかった。

文化庁も、

「保存計画がこのような内容では追加指定は困難です。名勝指定をした時一括で申請しなかったのが最大の失敗です」

と言った。

市は所有者に〔如斯亭〕を続けて管理させ、費用も続けて出させせようとしていた。

「もうお金はありません。体力的にも限界です。二二年以降は市で管理をお願いしたい」

所有者は一貫して寄贈の気持ちを伝えていたが、実現しなければ放り出すわけにもいかず、所有者が整備し続けなければならない。

保存計画どおりに実施された場合の所有者負担を聞くと、

「所有者の負担割合は一～三パーセントですね」

担当者は涼しい顔で言った。

一億円かかる工事であれば三パーセントの場合、所有者は三〇〇万円負担しなければならない。

龍居氏は心配して、

「保存計画に縛《しば》られる必要はないし、不信感を持ったまま寄贈する必要もないのですよ」

と、何度も何度も言ってくださったが、このまま放り出すわけにもいかなかった。

所有者は悩みに悩んだ。

市は所有者の苦悩《くのう》を見ながら、一切対応しようとしなかった。

「文化財の指定を解除《かいじょ》してもらうよう検討する」

甥はとうとう国、県、市に言った。

そして彼は血圧が上がり、鼻血が出るなどの変調《へんちょう》を来《きた》した。

文化庁は当初から市に、所有権を持たない〔管理団体〕になるようにと促《うなが》していたが、市が応じる動きは一切なかった。

喪失・改変の陳述書をまとめる

「市への寄贈ご破算」の記事が出て〔如斯亭〕が店晒しになってから約一〇年経ち、金銭的にも肉体的にも一人で管理してきた兄は、呻《うめ》くように言った。

「平成二二年以降は、もう如斯亭の面倒《めんどう》を見たくない」

私は七年前の市長選後NPOをつくり、県施設の指定管理者をしていた。

県内のNPO活動を支援しながら、市のサービスや病院のサービスが、市民の使いやすいものになっているかを調査したり、提言したりしていた。

しかし市は市民の声を一切聞こうとしなかった。

私は市政を変えなければと強く思うようになり、二一年、再度市長選に立候補した。

〔如斯亭〕の所有者たちは身内の市長選出馬で、寄贈が頓挫《とんざ》するのではと恐れた。

「丸の内の出馬に、所有者は一切関知《かんち》していない」

所有者の一人が市長を訪ね、文書を渡したようだ。

そして私は落選した。

甥に言われた。

「叔母さんの市長選は如斯亭の交渉が続いている中で、ひどい背信行為だった」

同年冬、市担当者は追加指定のことで、文化庁に呼ばれた。

「保存計画に、〝市が如斯亭を管理する〟とはっきり書かれていない。予算の説明もない。市が庭園の保護を適切に行えるのか」

文化庁は危惧《きぐ》していた。

私たちきょうだいは甥の母親である姉を先頭に、庭に抱きすくめられて育ってきたと前にも書いた。

しかし神奈川で生まれ育ち、〔如斯亭〕を外から見てきた甥は違う。

彼は〔如斯亭〕の改変《かいへん》・喪失《そうしつ》の状況を見るにつけ、何度も言った。

「所有者は如斯亭庭園を、本当に守ろうとしてきたのか。丸野内家（丸の内ではなく、丸野内が本名）が所有するようになってから、如斯亭庭園の改変・喪失は進んだ。やむを得ない事情もあっただろうが、本当に必要な改変・喪失であったのか。第三者が抱く疑問を所有者としてきちんと検証《けんしょう》しなければ、所有者の不始末《ふしまつ》を市に押しつけたと言われるだろう」

保存計画の方針は〔如斯亭〕を義和時代に戻すことであったが、保存計画委は各箇所の改変・喪失を丁寧に調査していなかった。

寄贈が成立した後、管理の予算がかからないようにしていたのではないだろうか。

そこで所有者たちは甥の提案で、如斯亭の原風景を記録に残そうと『国指定名勝如斯亭庭園に関する喪失・改変箇所についての陳述書《ちんじゅつしょ》（以後、陳述書）』を協力して書き上げ、保存計画委に出した。

そして保存計画委で『陳述書』について聞いた。

「如斯亭の改変・喪失箇所を、どのように復元《ふくげん》していくのですか。『陳述書』に基づき、保存計画の中に書いていただきたい」

「二三年から整備委を始めますので、そちらで言ってください」

「所有者である現在でも、私たちは委員会から排除されています。〝整備委で〟と言われても、所有者でなくなれば、なおさら意見が通るとも思えませんが」

ようやく市へ寄贈

平成二二年、如斯亭の市への寄贈が、市役所内でも取り沙汰《ざた》されるようになった。

「丸の内は過去に選挙に出ているから、公職選挙法上寄贈できないのではないか」

市関係者からも自宅へ、「政治家を辞めろ」と電話がかかってきた。

公職選挙法上寄贈できないのは私の持ち分の一〇分の一で、場所は東門、〔紅霞洞〕、御萱門、〔靄然軒〕そして〔観耕台〕の半分となる。

同年春、市会で、

「如斯亭庭園は市に寄贈されることになった。市は一〇分の九を受け、残りの一〇分の一は管理団体を設立して市が管理する」

と報告された。

三月、甥からメールが来た。

「寄贈申込書が叔父さんのところに到着した。叔父さんは明日、市へ提出するでしょう。所有者側の準備は終わった。管理団体を市が同意し、文化庁は五～六月頃に指定することになるでしょう。

寄贈後六か月以内に、寄贈者は敷地内から出ることとしているので、一〇月までには仏間を含めた秋田の拠点は、敷地外に移ることになります。今後私たちも、如斯亭庭園に自由に出入りできなくなります。秋田の見慣《みな》れた景色が変わります。思い出があるので寂しい気持ちもあります」

二週間後、また甥からメールが来た。

「叔母さん、僕の代理として市長から感謝状を受け取ってください。今までの市との厳しい交渉の経緯を考えると、市は叔母さんを寄贈者でないという理由で、寄贈に関する会合や式典から一切排除するでしょう。ですからその保険《ほけん》として、私が出席できない場合、叔母さんを代理人として指名しました。

現状では地元にいない叔父さんたちは、送られてきた関係書類に署名し返送して終わりです。

これは相当に失礼な話です。共に宅地四一三・六平方メートルを市に無償寄贈したのですから。例えば長野県のある市町村では、有力な出身者が私の母（画家、田中木芽《たなかこのめ》著者注）の作品をその市町村に寄贈した時、相手方の市町村が旅費・宿泊費を負担して母を寄贈式典に招待していました。けじめとして寄贈式典に出て、市長にきちんと手渡すという設定があっても不思議ではないでしょう。費用を誰が負担するかは別です」

寄贈は二二年三月二九日に成立した。

寄贈の条件は四つあった。

一つに、駐車場の名勝追加指定を早く進める。

二つに、如斯亭の南半分の控えの間部分と清音亭の改変箇所を整備し、御萱門、南門、東門を復元する。

三つに、明治以後、那波家を経て丸野内家が寄贈したことの説明板を設置する。

四つに、指定外建物をすべて解体撤去《てっきょ》する。

市は如斯亭庭園の寄贈を受け、同年四月に元所有者四名に市長応接で感謝状を贈った。敢えて欠席した甥の代理人として私は、市から甥への感謝状を、市長応接で受け取った。甥は出席費用の相当額を、秋田市に［ふるさと納税］した。

しかし甥の気持ちを理解した人は、身内以外、秋田市に一人もいなかっただろう。

市への寄贈条件のうち那波家は、説明板への記載を辞退した。

寄贈が実現するまでとして設立した〔守る会〕は、一般公開を一九年と二〇年に三回ずつ、二一年は二回の計八回実施し、三年間で合わせて三八〇〇人を超える来園者を迎えることができた。

一人から二〇〇円いただいた施設整備協力金は、三年間で七六万三〇〇〇円となり、除草・清掃等の賃金や草刈機用ガソリン代等の消耗品に使うことができ、〔守る会〕は寄贈を見届け、二二年五月末日に解散した。

翌二三年二月、南門駐車場部分も国名勝に追加指定され、如斯亭は全域が国名勝となった。

そしてその一か月後、東日本大震災《だいしんさい》が発生した。

御萱門と〔清音亭〕は復元され、南門と東門は整備され、指定外建物五棟はすべて二四年中に撤去された。

しかし江戸時代に手形村の人たちが、御用として水汲みや炊事に関わった〔如斯亭〕の控えの間部分は、未だ復元されていない。

さらに残念なことに、龍居氏が「如斯亭の最大の価値と魅力」と言ってくださった〔庭園略図〕が、寄贈後〔如斯亭〕から消えた。

整備指導委員会が始まる

如斯亭庭園の寄贈後、整備委が平成二三年から二九年まで一二回にわたって開催された。保存計画委と同じメンバーで、〈如斯亭〉の整備計画を作っていくことになった。

基本方針は、「九代藩主義和の頃の庭を目指し、〈園内十五景〉を主体として可能な限り整備していく」であった。

二三年晩秋に来秋した文化庁の調査官は前述のとおり、

「本来は東門からのルートであったという説明をした方が良いのではないですか。もし東門からのルートが重要であれば、その観点から庭園を整備していくべきではないですか」

と指摘してくださった。

〈如斯亭十五景〉は東門の紅霞洞から始まると何度も述べた。

また江戸時代に如斯亭が描かれた絵図〈穐田図絵〉には、南門ではなく東門、そして〈紅霞洞〉、御萱門、〈観耕台〉などが描かれているとも述べた。

しかし整備委の委員長は以前『基礎調査報告書』を監修し、『保存計画委』では委員長として、『保存計画』に〈庭園略図〉や〈穐田図絵〉を紹介していたにも拘わらず、

「如斯亭庭園は作庭以降の資料、特に絵図がほとんど見つかっていない」と断定し、「藩主が東門から庭園に出入りしていたということは文献に出てこない」と語り、「観覧者の出入口を

東門、南門のどちらにするかは、整備委で今後検討が必要です」と答えたが、整備委では出入口の場所について話し合われなかった。

如斯亭に、耐震補強の鉄骨が必要ですか

平成二五年、〔如斯亭〕整備事業の設計管理《せっけいかんり》を請け負った協会（以後、協会）から、耐震補《たいしんほ》強《きょう》のため〔如斯亭〕に鉄骨《てっこつ》二〇本を入れる案が上がってきた。図面によると庭に面した北側の廊下にも、約二メートル間隔《かんかく》で鉄骨が五本入ることになっていた。

〔如斯亭〕は庭に面した三方の板戸を開け放つと、遮《さえぎ》るものなく庭が目に飛び込んでくるのが魅力だ。

しかしその〔如斯亭〕が今、全く違うものに変えられようとしていた。

文化財の耐震補強を他県ではどうしているのかを調べることにした。

まず東日本大震災の被害が大きかった福島県を訪ねた。

会津《あいづ》若松市の国指定名勝会津松平《まつだいら》氏庭園御薬園《おやくえん》は、江戸時代に藩主が領民《りょうみん》を疫病《えきびょう》から救うために薬草園をつくり、朝鮮人参栽培を奨励《しょうれい》した土地で、昭和七年に国名勝に指定されている。対応してくださった教育長に尋《たず》ねた。

「文化財を地震からどのように守っていくのですか」

「現状を極力尊重《きょくりょくそんちょう》することです。必要な場合は床下や屋根裏の見えないところで補強します」

「如斯亭では耐震補強と称して庭に面した廊下や座敷《ざしき》などに、鉄骨二〇本も入れる図面が上がってきたのです」

「文化財の管理にふさわしい業者を紹介しましょうか」

さらに教育長は、文化庁が出している『地震から文化財建造物を守ろう！　Q&A』を、紹介してくださった。

その『Q&A』には、

「補強によって昔から残っている部材を傷つけないよう、建物の雰囲気《ふんいき》を変えないような工夫が必要です」

と書かれていた。

さらに龍居氏の紹介で、横浜市の国指定名勝三溪園《さんけいえん》を訪ねた。

公益財団法人三溪園保勝会《ほしょうかい》でも丁寧《ていねい》に説明してくださった。

「大震災で三溪園の建物には、レンガ造りなどを除いて大きな被害はありませんでした。木造建造物の揺れに対する強さが、証明されたと思っています。園内の建物を〝通過型《つうかがた》建物か〟〝屋外退避《たいひ》は容易《ようい》か〟などで分類しました。文化財の価値を損《そこ》ねないよう、特に見える部分について配慮《はいりょ》しています」

同年の整備委で協会は、鉄骨二〇本の提案《ていあん》理由を説明した。

「重要文化財と名勝の区別をせず、如斯亭についても重要文化財と同じ扱《あつか》いで検討しています。公民館のように絶えず人が出入りする利用状況や冬季の雪の重みも考え、最大この本数になりました」

協会の説明を聞いてから、私は会津若松市と三溪園保勝会の耐震補強の状況を報告した。

「会津若松市も三溪園保勝会も現状を極力尊重し、床下や屋根裏の見えないところで補強していました。文化庁も『Q&A』に〃文化財としての価値を著しく損なうような場合には、耐震補強以外の対策のみを行う〃と書いています。天井裏や床下など見えないところで補強し、来園者には靴をビニール袋に入れて持ち歩いていただき、〃グラッときたら外へ出て〃とお願いすることは、庭に囲まれた平屋の如斯亭では可能です」

そして協会の鉄骨二〇本案に反対した。

委員長も二〇本案には驚《おどろ》いたようで、

「ある程度の補強は、見えないところで行えば良いが、庭に面したこの場所に、鉄骨柱が五本もあるのはいかがかと思います」

と言った。

二六年〔如斯亭〕を全解体するための大屋根が仮設《かせつ》された。

さらに〔如斯亭〕の礎石等を保護するためという理由で、床下をコンクリートで三〇センチメートル嵩上《かさあ》げする図面も同時に上がってきた。

同年、整備委で尋ねた。

「解体の結果、鉄骨を入れるかどうかを誰が決めるのですか。〝鉄骨を入れないと、もたない〟と言っている協会は信用できません。他の団体に委託することを要望します」

委員長は答えた。

「全国的に見て建造物の修復《しゅうふく》整備ができるのは協会です。最大限の案を出しているので、補強する必要はあるが、目立たないところにどう入れるか、これから考えていくことになると思います」

また鉄骨二〇本案を説明する時に協会が、

「公民館のような利用」

と言っていたことについて聞いた。

「如斯亭の整備方針は公民館のようなものを目指しているのですか、それとも文化財としての整備ですか」

「文化財としての保存と公開を、第一にしています」

「協会は〝公民館のような利用を考慮《こうりょ》した場合、これだけの鉄骨の本数になる〟と説明しました。公民館のような利用とは教育委員会の考え方ですか」

「協会にそのような話をしたことはありません」

「この会は非公開です。理由は非公開にしないと、委員が議論しにくいからと聞きました。税金で補強整備が行われるのに、非公開はおかしいと思います。委員の皆さんは、公開すれば差《さ》し障《さわ》りがあるのですか」

誰も答えず、委員長は、

「次回から公開としても良いと思います。非公開にする理由はないと思います」

と答えた。

そして二七年の整備委に、初めてマスコミの傍聴《ぼうちょう》があった。

鉄骨二〇本案の行方《ゆくえ》

平成二七年、全国の名勝庭園の所有者等の会である〔文化財指定庭園保護協議会（以後、保護協議会）〕が福岡県飯塚《いいづか》市で開かれ、そこで龍居竹之介氏に〔如斯亭〕の鉄骨問題を相談した。

龍居氏はすぐに、日本庭園協会の望月敬生《もちづきよしお》氏を紹介してくださった。

帰秋後弁護士に相談すると、弁護士はこれからの進め方を教えてくださった。

「これは建物の管理に関わることなので、いくら反対しても、担当委員会の多数決で強行突破されてしまいます。整備委を動かさないと何ともなりません。

鉄骨を入れない耐震補強策を他の方にお願いしているのであれば、前もって委員長と市担当課に、鉄骨を入れない耐震補強策を次回の委員会に出させていただくので、その結果を踏《ふ》まえて判断してもらいたいと文書を出し、文化庁担当者にも知らせておいた方が良いのではないですか」

そこで望月氏に鉄骨を入れない案をお願いし、市、委員長、文化庁にも文書を出した。

この動きが協会に伝わらないわけがない。

すぐ協会から文書《ぶんしょ》がきた。

「所有者は、県教委の指導を得ながら、専門家の意見を聴きなさい。如斯亭の耐震性能《せいのう》は大地震に倒壊《とうかい》しないと言ったが、倒壊するとの結果が出た。そのため大掛かりな補強が必要で、視《し》界《かい》に入る位置に鉄骨を数本立てざるを得ない」

まもなく龍居氏と望月氏連名の意見書が届いた。

「如斯亭庭園は国指定の名勝庭園であり、如斯亭はその中の建造物である。したがって重要文化財ではなく、その基準に倣《なら》う必要はない。また利用は人数を限定した庭園を楽しむための建物であり、不特定多数の集会所のような用途は必要なく、冬季の利用は難しいと思われる。

さらに地震に強い木造軸組《じくぐみ》工法の建物なので、横からの力に強い壁を設置《せっち》すれば良い。

図面によると鉄骨を入れるための補強として、床下に三〇センチメートルのコンクリート床を設けることになり、如斯亭が庭園より三〇センチメートル高くなり景観が損なわれる。庭園と建物の関係はとても重要であり、非常に認められにくいと考える。

過去に何度かの地震を乗り越えている建物であり、安全性は証明されており、その実績《じっせき》を尊重することは、安全性の証明の一つである」

協会は〔如斯亭〕について、「重要文化財と同じ扱いで検討する」と説明したが、龍居・望月両氏は、「重要文化財の基準《きじゅん》に倣《なら》う必要はない」と言っている。

協会はさらに、「この度大地震に倒壊するとの結果が出た」と主張したが、両氏は「如斯亭は地震に強い木造軸組工法の建物である。過去に何度か地震を乗り越えていて、安全性は証明されている」と記している。

さらに基礎を三〇センチメートル嵩上げすることについて協会は、「礎石等遺構《いこう》保護のため」と言ったが、両氏は「鉄骨柱を建てるためのコンクリート床である」と説明してくださった。

龍居氏は以前〔如斯亭〕の本質的価値について、「庭は北側に北下がりに広がっていて、斜面は芝生地になっている」と語ってくださった。

その北下がりの斜面に向かって、〔如斯亭〕だけがさらに三〇センチメートル高くなれば、建物と庭園との関係が全く壊れ、義和が愛した〔如斯亭〕ではなくなってしまう。

龍居・望月両氏の意見書を、市、委員長、文化庁に届けた。

さらに望月氏は〔如斯亭〕を訪ねてくださり、整備委の委員長もその日に合わせて来秋され、両者は如斯亭で会談《かいだん》してくださった。

そして望月氏は〔如斯亭〕の床を三〇センチメートル嵩上げすることは、名勝庭園の景観を大きく損なうと力説《りきせつ》してくださった。

後日、整備委に来秋した文化庁の調査官は、鉄骨について、

「名勝すべてに鉄骨が入っているわけではないです。建物に鉄骨を入れるかどうかは、自治体の考えによります。すなわち自治体がその文化財の価値を、どう考えているかによるのです」

と述べた。

整備委で私は委員長に尋ねられた。

「如斯亭の耐震補強をどう考えますか」

「如斯亭は重要文化財ではありません。鉄骨を入れる耐震補強は必要ないと考えます」

「鉄骨を入れる件については、全会一致とならなかったので却下《きゃっか》となりました。同時に如斯亭の床を三〇センチメートル嵩上げすることも、却下となりました」

〔如斯亭〕は全解体の予定で大屋根がかけられていたが、茅葺屋根を取り外《はず》した段階で、明治期の木造軸組構造《こうぞう》が頑丈《がんじょう》で、それ以上の解体は必要ないと判断《はんだん》された。

名勝内の建物に、耐震補強は合わない

平成二八年の〔保護協議会〕は秋田県で開催され、旧池田氏庭園のある大仙市が会場となった。

文化庁文化財調査官の平澤《ひらさわ》毅《たけし》氏が「生きている庭園」と題して講演され、その後〔文化財庭園保存技術者協議会〕の吉村《よしむら》龍二《りゅうじ》氏が、以前〔如斯亭〕で開催された〔文化財庭園フォーラム〕について紹介してくださった。

「如斯亭の築山の上の低木が大きくなって緑の壁のようになり、庭園の深みがわからなくなっていました。そういう課題を解消《かいしょう》していくと、奥行《おくゆ》きがあって深みのある景色に変わり、埋《う》まっていた流れが出てきました」

その後のディスカッションで、私はフロアから発言した。

「平澤先生の講演をお聞きし、庭が生きているということは、名勝の中にある建物も、同じように考えてよいというメッセージと受け取りました。近年建物は重要文化財と同じように耐震補強で鉄骨を入れる必要があるという動きも感じてきましたが、建物も庭が生きているのと同じように管理していけたらよいという思いで、聞かせていただきました」

すると亀山章《かめやまあきら》会長は頷《うなず》きながら言われた。「建物は何でも耐震補強しなければならないという発想は、庭には合わないのかと私も思っております」

ディスカッションの後、龍居氏に声をかけられた。

「あなたが鉄骨のことを話し出した時は、ザワッとしたよ」

その後を望月氏が引き取って、

「〝庭園が生きているということは、建物も同じ思いで〟は良かった。まさに同志だ」

と言ってくださった。

二九年夏に〔如斯亭〕の最後の整備委があり、市担当者が説明した。

「如斯亭の施設名称は〔秋田市如斯亭庭園〕となりました」

「ちょっとお待ちください。名勝庭園は全国に約一〇〇箇所あり、その約四分の一は地方自治体が管理していますが、行政の名前を冠した庭園は一つもありません」

「〔旧秋田藩主佐竹氏別邸庭園〕という名称は変わっていません」

「〔秋田市如斯亭庭園〕と〔旧秋田藩主佐竹氏別邸庭園〕を、どのように使い分けるのですか」

「あくまでも条例上の名称です」

「それでは、条例上は〔秋田市如斯亭庭園〕だが、市民の目に触《ふ》れる箇所やリーフレット、広報の記事等はすべて〔旧秋田藩主佐竹氏別邸庭園〕でお願いします」

この間〔如斯亭〕の修復工事に関わった複数の業者に言われた。

「丸の内さん勘弁《かんべん》してくださいよ。〝丸の内がうるさくて、なかなか工事が進まない〟と市の関係者は言っているよ」

市は耐震補強工事の遅れをすべて私の所為《せい》にし、その年の市長選でもマイナスキャンペーンが張られていた。

同年秋、〔如斯亭〕の改修が終了し一般公開された。

オープン早々県外から来た観光客が〔如斯亭〕の受付で、大声で言った。

「秋田は秋田杉で有名なのに、なぜ一番目立つ入口の垣根に、すぐ花粉を出す太平洋側の杉苗を植えるんだよ」

杉苗は埼玉県から買ったのだそうで、植え替えるつもりはないと担当者は言った。

そして〔如斯亭〕はその年から千秋公園内にある佐竹史料館の管轄《かんかつ》となった。

史料館の担当者が、聞こえよがしに憮然《ぶぜん》として言った。

「如斯亭に鉄骨を入れる予算が付いていたら、もっといろいろ欲しいものが買えたのになぁ」

しかし〈如斯亭〉については、文化庁文化財保護審議会専門委員の龍居竹之介氏が「如斯亭庭園略図の存在こそ、この庭の最大の価値と魅力でもある」と言ってくださった。その〈庭園略図〉が、寄贈後〈如斯亭〉から消えたと前にも述べた。龍居氏は「〈庭園略図〉は写真に撮るだけでなく、新しく描き写したものを作り、江戸時代のように、庭園に面した廊下に掛けておくのがいい」と言ってくださった。

また文化庁調査官は、「南門を入口にしたとしても、本来は東門からのルートであったという説明をした方が良いのではないですか。東門から観覧者を入れるという選択もあるのではないですか。もし東門からのルートが重要であれば、その観点から庭園を整備していくべきではないですか」と指摘してくださった。しかし今は厩や控の間に通じていた南門が入口になっている。

さらに平成二三年から開かれた整備委の第一回会合で、「南門付近は後継木のバックヤードとして整備を行う」と話し合われたにも拘らず、〈紅霞洞〉の百日紅は南門付近に一時移植されたままで〈紅霞洞〉に戻されず、〈紅霞洞〉には百日紅の苗木が後継木として植えられている。

　また〈観耕台〉の登り口の三個の黒い踏み石もなくなっている。

　さらに、現在〈如斯亭〉入口で配布されているリーフレットには保存管理計画記載の十五景が掲載されているが、〈佩玉矼〉〈超雪谿〉〈弓字径〉などの場所が、〈庭園略図〉とは全く異なり、史実が曲げられている。

　加えて現在、園内の三箇所が通行止めになり、来園者は〈弓字径〉〈玉鑑池〉〈渇虎石〉〈巨鼈嶋〉〈星槎橋〉の五景、すなわち十五景の三分の一を辿《たど》ることができない。一九年に〈如斯亭を守る会〉が一般公開した時は、毎回午前中の三時間に約五〇〇名の来園者があり、池の〈巨鼈嶋〉に鈴なりで、如斯亭から庭全体を眺めることができず、一時三箇所を通行止めにしたことがあったが、今は少人数の来園者がゆっくり散策している。

座頭小路
ざとうこうじ

学びの先に地域づくりが

私は自然豊かな秋田に育ち如斯亭近くの高校に通ったが、昭和三八年大学受験に失敗し、再度挑戦するため京都へ向かい、以後京都に一二年間住んだ。

大学に入学した年は東京オリンピックがあり華やいだ空気もあったが、ベトナム戦争反対のクラス討議《とうぎ》が盛んで、クラスごとに円山《まるやま》公園へよくデモに行った。

文学部に入学後、法学部に転学し、司法試験を目指した。

裁判を何度も傍聴したり、法律事務所を訪ねたりしていたが、だんだん学びの先が見えなくなった。

自分を突き動かすものを得たい、実社会でもまれる必要があると一旦休学して就職しようとしたが、親に強く反対されそれもできず、中途半端なまま卒業してすぐ結婚した。

夫は授業料値上げ反対闘争で学部委員長をし、主任教授に睨《にら》まれ、就職も紹介してもらえずうつ状態となった。

夫の両親には彼の状態を伝え、一度は会いに来てくれたが五〇年、夫は博士課程三年目に借家裏の柿の木で首を吊った。

両親は豹変《ひょうへん》した。

「あんたが息子を、追い詰めたんじゃないのかね」

「二度とうちの敷居をまたぐな」

私は一歳、二歳、四歳の息子たちを連れて秋田へ帰り、兄が建ててくれたプレハブに住んだ。

如斯亭の大ケヤキの下であった。

父は、「子ども、三人もつくって恥ずかしい」と言ったが、誰に言われるまでもなく、「夫を支えきれなかった私は、生きる価値のない人間」と自分を責め続け、大きなダンプが走ってくると、その軋《きし》むタイヤに向かって歩き出したい衝動《しょうどう》を、必死に堪《こら》えていた。

司法書士《しほうしょし》事務所や隣接市の税理士《ぜいりし》事務所で働き、五三年に教会の理解を得て〔こひつじ保育園〕を設立し、主任保母として働き始めた。

夫の言葉がずっと心に残っていたからだ。

「いいことがある？　そんなこと信じられない。それが俺《おれ》の一番いけないところかもしれない……」

一度でも神に祈ったことがあったのなら、時を待つことができたのではないだろうか。

幼い命に、心の柔らかいうちに、祈りを伝えたいと願った。

同じ頃、親しい友人が身内の作った借金を、家族で支え合いながら返済をしているのを間近で見ていた。

「私は、支えきれなかった……」

何度も口を継いで出た。

ある元日早朝、その友人宅へ新聞配達の手伝いに行っての帰りがけ、友人が言った「ありがとう」が心の底に沁《し》みた。

「こんな私でも、〝ありがとう〟って言ってくれるんだ。もしかしたら私、生きていても、いいのかもしれない」

〈こひつじ保育園〉の園児は、初年度の一六名から三年目には六六名に増えていた。

五六年、保育園を後進《こうしん》に託《たく》して秋田市役所に入った。

最初の仕事は生涯《しょうがい》教育担当で、そこでユネスコの〈モントリオール宣言〉に出会った。

「学んだことは、行動を伴う必要がある」

（そうだ。学びの先に〈地域づくり〉があるんだ！　それが、私が求めていたことではないのか！）

そして五八年、〈働く婦人の家（以後、婦人の家）〉館長への異動内示が出た。

婦人の家で

婦人の家へ異動した時、市内の六館の公民館長から、婦人の家の講座数を減らすようにと言われた。

婦人の家は開館して三年経ち、話題を呼ぶ趣味講座で多くの市民を集めていた。

公民館長たちはそれを脅威《きょうい》と感じていたようだ。

講座数を減らせと言われても、ただ減らせばいいわけではないだろう。

婦人の家に集う人も、公民館に集う人も、いずれは〔地域づくり〕の核になる人たちだ。

講座をグループ活動に繋げ、交わりの楽しさやグループ作りのコツを覚えてもらうことが大切ではないだろうか。

また、家庭で働いている女性《ひと》も〝働く婦人〟なのに、当時婦人の家は、

「日中働いていない婦人が、働く婦人の家で活動している」

と揶揄《やゆ》されてもいた。

そこで中小企業で働いている女性《ひと》のために、希望する職場に希望する講座を出張する事業を始め、さらにそれまで主であった趣味講座に、簿記や宅建《たっけん》、老人介護など、就業《しゅうぎょう》援助に繋がる講座を加え、重心を徐々《じょじょ》に移していった。

婦人の家には既にいくつものグループができていた。

リーダーたちはグループをまとめ、館の事業に協力していたから館は助かっていただろうが、中にはボス的な人もいて、他のメンバーはリーダーに頼りっきりで、残念ながら後継者が育っ

ているように見えないグループもあった。

毎年多くの講座が開かれ、終了後さらに続けたい人は翌年同じ講座が始まるまで、同じ講師の下で〔自主グループ〕会員になっていた。

施設の使用料は無料だったが、グループ活動時の講師謝礼を会員が出し合っていた。

これまでどおり講座を開き続け、グループ活動は翌年の講座が始まるまでとするか、グループ活動を一年、二年と続けられるように支援するかの選択となった。

それまで講座を企画してきた男性職員と、グループ活動の大切さを話し合ったが意見が合わず、グループ活動を一年、二年と続けられるよう切り変えることにした。

納得できない男性職員の取り付く島がない状態が、しばらく続いた。

この時、自主グループの他に、〔利用サークル〕の仕組みも作った。

〔自主グループ〕活動を二年間とし、講座と同じ曜日・時間帯に館を利用できることとし、三年目からは〔利用サークル〕に切り替《か》え、館の講座や他の自主グループが入っていない曜日・時間帯を、一年ごとに抽選で決められることにした。

もちろん新しく講座を入れる時は、できる限りサークル活動の入っていない曜日・時間帯にするよう気を配った。

さらに多くの人がリーダーを経験できるよう、リーダーの任期をグループは一年、サークルは二年とし、再任はできないことにした。

自主活動に館がそこまで口を出すのはどうかと迷ったが、何よりも特定の人が難儀することなく、世話役を交代で受け持つ仕組みが必要ではないかと話し合い、理解してもらった。

不都合ならば、館の空いている曜日・時間帯に同じリーダーで、貸館利用ができると説明した。

年度初めのサークルの抽選日前に、婦人の家の年間講座や行事予定、そして活動中のグループの曜日・時間帯を一覧表にして貼り出した。

その表を見て各サークルは、活動を希望する曜日・時間帯を話し合い、抽選会に臨《のぞ》んだ。

サークルリーダーにとって抽選会は、相当なプレッシャーだったことだろう。

しかし回を重ねるごとに、抽選会も一大イベントとして盛り上がっていった。

グループづくりで一番の難関は、リーダー決めだ。

一度でもリーダーをやったことのある人は大抵《たいてい》、

「あなたできるでしょう。またやってよ」

「う……、でも……」

「ね、やってよ。あなたしかいないのよ」

「う……」

と、いよいよ断れなくなって、毎回引き受けていた人が多かった。

後日開いたグループリーダー交流会で聞いてみた。

「初めてリーダーをやらなければいけなくなった時、〝本当は、グループを辞めたい。でも自分が辞めればまたもめる〟と思って、必死で引き受けたんではないですか。そういう人は？」

ほとんどの人が、手を上げた。

「最初の一、二か月は何かギクシャクして、スムーズにいかなくて……、前のリーダーさんと比較されていると思うと、なおさらギクシャクして……でしょう？　それで、どうでした？」

「周りの人が、助けてくれて……」

「そうですよね。スムーズにいかなくて、ギクシャクして、却《かえ》って良かったと思いませんか？　周りの人たちが、心配してくれるようになったから……」

隣り合った人たちが、互いに顔を見合わせて笑っていた。

「それで、半年くらい経《た》ったら、どうなりました？」

「なんとか、やれるかなって……」

「なんとか、やれるかなって思えるようになったんですよね。それを見ていて周りの人たちも、〝いろいろあっても、結局なんとか動いていくもんだ〟と思ったんですよね」

みな頷《うなず》き合った。

そばで見ていて不思議に感じたことは、リーダーが代わると、グループのメンバーは同じでも、雰囲気が変わる。

そして新しい人が、すっと入ってきたりしている。

二年後に、婦人の家のグループ会員約四〇〇名に、「あなたは、グループのリーダーなどをやらなければいけない時、どうしますか」というアンケートを取った。

「やるべき」と答えた人は二割弱で、「手伝ってくれればやる」「内容によってはやる」を合わせると、なんと「やる」と答えた人は六割を超えていた。

この種の調査を他に知らないが、これはすごい数字ではないだろうか！

婦人の家に集う人たちは、地域で確実《かくじつ》に力を付け、触れあいを深めていた。

〈高齢社会をよくするフォーラム〉ができて

老人介護講座に参加している利用者から、

「高齢社会をどう迎《むか》えればいいのか、話し合う会が欲しい」

と講座の度に言われていた。

しかし〝話し合う会〟をどう組み立てたらいいのか、全く見当《けんとう》もつかなかった。

考えあぐねた末、高齢福祉担当課に相談に行った。

「秋田大学教授のS先生に、相談してみたら……」

さすがに担当者、ふさわしい人の名前がすぐ出てくる。

そこでS氏を訪ねたところ、快《こころよ》く話を聞いてくださった。

折もよく、その年は婦人の家設立一〇周年に当たり、評論家の樋口恵子《ひぐちけいこ》氏に、「人生八十年サイズの男女の生き方」と題した記念講演をお願いしていた。

S氏は、

「その講演会に来た人に、〝二週間後に同じ会場で、講演の感想を言い合いましょう〟と呼びかけ、集まった人でグループをつくればいい。グループができたら、その代表も引き受けましょう」

と言ってくださった。

樋口氏の講演には、定員四〇〇名の会場に入りきれないほどの人が集まり、通路の階段に座り込んだ人もいた。

当日会場で、「講演の感想を言い合いましょう」と呼びかけ、二週間後に来た人は女性二六名、男性一名の二七名で、「講演を聞いての感想」と、「長寿《ちょうじゅ》社会について思っていること」を、五〜六名が一グループになってディスカッションした。

話し合う会を希望していた人たちが司会と記録を受け持ち、グループごとに出た声をみなに報告してくれた。

「七〇代は年齢の区切りみたいな気がする。古希の祝いをされ、これからは息子と同居する時と思い、秋田へ転居してきた。自分の生き方、核《かく》家族について考えたい」

「長男の嫁として親代わりに何でもやらされた。夫は五七歳で死亡し、義母は八七歳で健在。子どもは離れて生活している。私は一人で暮らしていけなくなれば、施設に入りたい。嫁だから何でもやらなければというのは、私の代で打ち切りたい」

「終戦で戦争未亡人となり、四人の子どもを育てた。畑を開墾して暮らしてきたが、脳出血で倒れた。リハビリで克服《こくふく》し、今は長男と同居しているが、別居して暮らしたかった。友人をこの会に誘ったが、〝今さら〟と言われた。年寄りの中にいると、年寄りの気持ちしかわからない」

などの報告があり、S氏がまとめてくださった。

「高齢期の生き方は一人ひとり違い、あの人はいいとか、この人は悪いとか言えない。自分の生き方が問われている。自然体で生きられる高齢社会であれば、男女の差別、年取った人の問題もなくなるのではないか」。

以後定例会を月一回開き、各グループの報告は次の回に会報として出すことにした。

同じテーマでもグループによって全く異なる展開となることもあり、報告を聞きながら互い

に、

「ええっ！」

「おぉっと！」

などの声が出た。

グループで自分の意見が紹介されるだけでなく、会報で活字になることで、自分の思いを振り返り確認することができたようだ。

会の名称も話し合い、〈秋田の高齢社会をよくするフォーラム（以後、フォーラム）〉と決めた。

しかし既存のボランティアグループに、〈フォーラム〉は奇妙な会と映《うつ》ったようだ。

「あんたたちは結局、何のボランティアをしているの？」

「老人介護でもなく、食事サービスでもないんだよね？」

「ただ話をしているだけなの？」

「へぇー！　本音を話せる会っていってもねぇ？」

そんな中、ある女性会員が言った。

「少し前からフォーラムで出た話を、夕食の時、息子に話すようになったの……」

「そう、息子さんは、なんて？」

「最初はね、煩《うるさ》そうに聞いていたんだけど、だんだん〝ふーん、それで〟と相槌《あいづち》を打ってくれるようになって……」

「えぇっ！　そう！」

「そしてね、この頃は息子の方から、〝俺はこう思う〟、と話してくれるようになって、〝私たちって、生きる仲間って感じだね〟って、この間、息子と話したの！」

「わぁ、素敵！」

本当に、嬉しそうに話してくれた。

ところがその彼女が、急にフォーラムに来なくなった。

数か月後、久しぶりに出て来た彼女は、

「息子が急病で、亡くなってしまって……」

と言った。

あまりのことに、すぐには言葉が出なかったが、一番言いたかったことを、彼女もそう思っているような気がした。

〔フォーラム〕では次回のテーマをS氏が会員の顔を見ながら決めてくださった。

「あなたの生きがいは何ですか」

「子ども夫婦と、上手に同居するには」

「自分が倒れたら、と考えますか」

など、どのテーマも一人ひとりの生きざまに繋がり、特定の人が話を取ってしまわないよう、全員が話せるよう、各グループの司会は毎回苦労していた。

「同居がいいか、近居がいいか」も、話が盛り上がったテーマの一つである。

「三世代一緒に住んでいるが、話す機会が少なくなった。お互い、とことん話さなければ、うまくいかないいんじゃないか」

「できること、できないことをはっきりしておくことも、うまくいくには必要のような気がする」

「今は息子夫婦と住んでいるが、同居が必ずしも幸せとは限らないと言う人もいる。高齢者の方が我慢していることが多いようだ。互いに思っていることをはっきり言い、悪いところばかりでなく、良いところは褒め合っていけばいいんじゃないか」

「上手に同居する工夫って、あるんじゃないかなぁ。私は同居しているけれど、自分の食事代は出している。食べたいものがあれば自分で買い、自分の部屋に冷蔵庫を置いている」

「お互い生活のリズムが違うから、同居するには、キッチン・風呂場は別々にするとか、工夫が必要ではないかなぁ」

みな自分の老いのありようを探っていた。

「健康なうちは別居した方がいい。年をとって動けなくなってから世話になりたい」

「自分の具合が悪くなったら世話になりたいでは、虫が良すぎるんじゃない。動けるうちから同居して協力するから、その後うまくいくんじゃないかなぁ」

「理屈としてはわかるけど、看病してあげるようになるまでが長くて、長くて……。同居がいいとは単純には言えない」

福祉専門学校生との交流から

〔フォーラム〕会員は福祉専門学校生と何度か交流した。

「家でおじいちゃん、おばあちゃんと話をしないの」

「しない」

「どうして？」

「だって、祖父とどうコミュニケーションを取っていいか、わからないんだもの」

「そう思ったら、そのまま話してみれば」

「何よりも俺方《おれがた》にあんまり干渉《かんしょう》しないで、信用してほしいと思う」

「干渉しないで、と言ってみれば」

「祖父母とは、会話が成り立たないんだもの」

「〝聞いてくれない〟っていうこと？」

「祖父母に、心の中まで入ってきてほしくない。おばあちゃん。おばあちゃんは、私は、私だから」

「おじいちゃんやおばあちゃんは、あなたたちにそう言われると、悲しいと思うよ」

「上の世代はどうして、勝手に失敗させてくれないのか。押しつけがましく、〝転ばぬ先の杖〟と言われるのは、若者として一番辛い」

彼らはほとんどが祖父母と同居か近居で、いずれは面倒を看てあげたいと福祉専門学校に入ったと聞いた。

彼らにとって〔フォーラム〕会員は、心の中に入り込んでくる恐れがない安心な高齢者で、ようやく会話が成り立ったようだ。

もしかしたら身内は、

（若者たちの心の中に、当然入り込める）

（左右できる）

と勘違《かんちが》いしているのではないだろうか。

若者たちは会員に、

「気持ちの上では、年を取らないで！」

と優《やさ》しい言葉をかけてくれ、

「諦《あきら》めないで、チャレンジして！」

と励《はげ》ましてもくれた。

それは自分の祖父母に、一番言いたい言葉だったのではないだろうか。

「私たち高齢者に愚痴《ぐち》が増えるのは、先が見えず不安で、過ぎ去った日を愛《いと》おしく思えるからかもしれない」

会員たちは若者との交流を、懐《なつ》かしく思い出して言っていた。

「同居していて辛《つら》いのは、自分を理解してもらえないと感じる時ではないだろうか」

「自分の思いと異なった意見を言われると、非難されているように、自分が否定されているように、感じてしまうのではないだろうか」

「考え方が異なっても、非難されているのではないし、まして否定されているのでもないと受け止めて、さらっと、〝それはあなたの考えで、私は違う〟と言えれば、気持ちが楽になるのではないだろうか」

定例会は五年半で六二回開かれ、毎回の会報をまとめて、『年をとってなぜ悪い　わたしの本音・あなたの本音』（無明舎出版）を出版した。

まもなく婦人の家で、市の〔男女共生社会〕の取り組みも担当することになり、市民公募で懇話会《こんわかい》をつくった。

委員の公募は当時、県や市でまだやっていなかったので、委員の審査に当たった教育長や課長はとても心配した。

住所氏名を伏せての審査で職業欄に、〝主夫業《しゅふ》〟などと書いた方に対しては、当時目新しい言葉であったので、本当に失礼な話だが、

「いいんだか？　大丈夫だか？」

を連発していた。

懇話会には、当然主夫業の方にも入っていただき、お陰で素晴らしい公募メンバーに恵まれ、〔フォーラム〕会員も全員で〔男女共生社会〕の事業に協力してくれた。

婦人の家には一〇年間勤務し、その後、私は福祉総務、国際交流、市史編さんへと異動した。

編さん室長の仕事とは

市史編さん室長の仕事は、古代・中世・近世等八部会に属する専門部会委員が、『秋田市史』の原稿を安心して調査、執筆《しっぴつ》できる体制を作っていくことで、要望に従い、まず彼らの活

動費と原稿料を見直した。

調査途中に出てきた得難《えがた》い史料《しりょう》を、『市史』とは別の『叢書《そうしょ》』シリーズで発行する計画も立てた。

着任初年度に編さん委員等から出された一〇〇項目を超える要望は、三年目にはほぼ道筋を付けることができ、『市史』は当初の予定に近い形で年二巻ずつの刊行が動き出した。

また各地区の歴史に詳しい人に調査員をお願いし、地区の古文書や石碑《せきひ》などの情報を集めていただいた。

編さん室に集まった情報は調査員にもできる限りオープンにしたので、調査員の中には地区の歴史をまとめようとする動きも出てきた。

外旭川《そとあさひかわ》地区は秋田市に合併する前、石油掘削で沸《わ》いた地域で、外旭川郷土史編さん委員会が発足《ほっそく》したので、市史の専門部会委員を何人か紹介したところ、『秋田市外旭川郷土史　語りつぐ外旭川のあゆみ』が平成一六年に発行された。

茶町梅之丁《ちゃまちうめのちょう》町内会は、一一年に町内会長の中谷久之助《なかやきゅうのすけ》氏が中心になって『茶町遠《ちゃまちとぎ》くて』を発行した。

「茶町遠くて」は秋田弁では、「茶町とぎくて」になるが、この言葉は、「遠い」だけの意味ではなく、別の意味にも使われてきた。

例えば思いがけなく来客があった時、お茶うけに甘いものなどがなく、もてなしが十分にできなかった時の言い訳に、

「茶町とぎくてよ、申し訳なかったねぇ」

と使われ、戦時中、物資不足の時も利用されたと聞く。

茶町は江戸時代、藩からお茶や砂糖など、一一品目の専売権《せんばいけん》を与えられていたことから、「茶町とぎくて」は、「砂糖を切らしていて」や、「甘いものがなくて」などの意味になっていた。

昭和四〇年の住居表示《ひょうじ》変更で町名〝茶町梅之丁〟が消滅《しょうめつ》すると、昔から使われてきた言葉も失われていく。

中谷氏は文中、

「町名が消滅し、いまでは記憶・感覚から遠ざかっていく、〝茶町とぎくて〟に変わりつつあります」

と書いている。

市史は各巻一〇〇〇冊ずつ刊行されたが、販売方法を見直した。

それまでは限られた書店でのみ扱っていたが、市内の書店であればたとえ一冊からでも、希

望により店頭販売できるようにした。

しかしそれでもかなりの冊数が売れずに倉庫に積まれた。

市議には当初の何巻かを寄贈し、その後の継続購読をお願いしたが、市民の税金で作った市史が売れ残っていることを、申し訳なく思っていた。

以前婦人の家で、企業を回って出張講座を宣伝して歩いたことを思い出し、市史も訪ね歩いて販売することにした。

市の出入り業者や、郷土史に興味のありそうな人に、一冊、二冊と売って歩き、各巻二〇〇冊ほどは、さばくことができた。

これについては後年、企画調整部長がここぞとばかりに寄ってきて、

「丸の内さん、あなたの所為《せい》で困ってるんですよ。編さん事業が終盤《しゅうばん》になり、市史をまとめて安く売ろうとしても、最初の五巻が二〇〇冊ずつ足りず、結局他の巻がその分売れずに残っているんです」

と聞こえよがしに言う。

それを言うならば、なぜ当時の上司が、

「後でまとめて売るので、個別に売らないように」

と言わなかったのだろう。

当時上司は、

「個別に売り歩くと、後で室長になった者が困る」

と言っただけであった。

それを聞いて、部長の意のままに動く部下がまもなく室長になり、私はまた左遷させられると覚悟を決めていた。

市史の一巻目は九〇〇〇円であったが、市民が買いやすいように、もちろん編さん委員会に諮《はか》って、二巻目から六〇〇〇円に値下げした。

刊行の度に編さん委員には、当然一冊ずつ贈呈《ぞうてい》した。

助役は編さん委員の一人なので助役室用に一冊届け、さらに聞いた。

「ご自宅の方にも、一冊いかがですか」

助役は答えた。

「家が狭くてね、置く場所がないよ」

三役に、離婚させられそうになって

平成一一年の年度末、市議の夫は市会の飲み会で市の三役と飲んだらしく、いい機嫌で帰ってきて、

「離婚だ、離婚だ」

とニヤニヤしながら言った。

「三役と話したよ。如斯亭のことを〝『寄贈、ご破算』と新聞に出したのがまずかった〟と言われたよ。そして、〝離婚した方がいい〟〝離婚だ〟と言われたよ」

「えっ、何言ってるの？〝マスコミに流せ〟と言ったのは、あなたでしょう。私が〝市役所に、いられなくなる〟と言ったら、〝おまえらしくない。言わなきゃダメだ〟ってしつこく言ったのは、あなたでしょう！」

夫の顔から笑みが消えた。


この記録を書き始めたのは、それから二〇年も経っている。

「私ね、市の三役に離婚させられそうになったの」

最近になって友人にその時のことを話したところ、その友人は、

「そうそう、私聞いてたよ。あなたの最初の市長選の頃、〝あの人は離婚するから、選挙は入れるなよ〟と誰かに言われた」

当人同士が全く知らないうちに、巷《ちまた》では「あの夫婦は離婚する」とまことしやかに流布《るふ》されていた。

話を戻そう。

〝家が狭くてね、置く場所がないよ〟と言った助役にその年、部の飲み会で言った。

「市史編さんの課題はお陰様でほぼ道筋を付けました。最近は決まりきった仕事になっていますので、課題のある課所へまた回してください」

半月後、市社会福祉協議会（以後、市社協）への異動を命じられた。

編さん室の歓送迎会に出席のつもりで電話を待ったが、結局かかってはこなかった。

市社協に行ってみると部長級の常務だが、決裁権《けっさいけん》は下の事務局長が握り、常務には一切権限《けんげん》が与えられていなかった。

しかし現場は、そんなことは関係がなかった。

一二年は介護保険スタートの年で、市社協もホームヘルパーや訪問入浴などをやっていた。

「より良いサービスを提供するには、どうするか」

ヘルパー全員と、とことん話し合い、利用者アンケートを初めて取ることにした。

ヘルパーたちは戦々恐々《せんせんきょうきょう》として

「利用者から、私たちのサービスへのクレームが、たくさん上がってきたらどうしよう……」

と言った。

「たとえクレームが上がってきても、個人攻撃は絶対しないから」

全員を前に約束し、納得してもらった。

結果は、サービス内容よりも、例えば、

「バケツを片付ける場所や雑巾《ぞうきん》を干す場所などを、同じ場所にしてほしい」

など利用者はヘルパーに、日常生活への気遣《きづか》いを求めていた。

こうして市社協においても、市民（利用者）の声を聞いて対応するサービスが始まった。

座頭小路《ざとうこうじ》のいちょう

子どもたちと暮らした如斯亭は、久保田城の本丸跡から一・五キロメートルほど北にあったが、子どもたちが巣立った後、再婚して住んだ中通《なかどおり》は、城跡の南側で旭川の東岸にあった。

旭川は久保田城跡の近くでも北から南に流れ、江戸時代には川を境にして東に侍屋敷の内町《うちまち》、西に町人町の外町《とまち》があった。

街中《まちなか》には〔通町橋《とおりまち》〕の南に〔一丁目橋〕から〔五丁目橋〕まで順に橋が架かっているが、宝暦《ほうれき》九年（一七五九）の絵図には〔三丁目橋〕は描かれていず、嘉永《かえい》二年（一八四九）の絵図には描かれているから、〔三丁目橋〕はその間に架けられたのかもしれない。

絵図を見ると〔四丁目橋〕と〔五丁目橋〕の間の内町側は、川が入りくんだ堀割《ほりわり》になっていて、ちょうど現在温泉が建っているところは全部堀割だったことになる。

その堀割に接する北側の小路を〔座頭小路《ざとうこうじ》〕と呼び、中程の屋敷内にいちょうの巨木が生えている。

これは昭和四九年に市の保存樹に指定された樹齢約四〇〇年の〔座頭小路のいちょう〕で、由緒書《ゆいしょ》きが掛かっている。（口絵写真ⅵ）

「ここは秋田藩士小田部《おたべ》某《なにがし》の屋敷跡と言われている。昔、小金《こがね》を持っていた下亀《しもかめ》の丁《ちょう》の座頭《ざとう》がここを通った時、邪悪《じゃあく》な武士に斬殺《ざんさつ》された。その時座頭の持っていた杖が根を伸ばし、大いちょうになったと言われている。また一説には、関ヶ原の後佐竹侯が秋田に移封《いほう》された時、水戸から持ってこられたいちょうとも伝えられている」

秋田市の元林務課職員で、〔保存樹の制度〕創設《そうせつ》に関わった吉田直也氏がまとめた『秋田市の木と林と森』には、

「座頭小路のいちょうは、根本周囲六・一〇m、樹高二五m、所有者がかわれば枝葉繁茂《はんも》せずとも伝えられている。幹に火傷《やけど》の痕《あと》があり、かつて町内火災があった際に類焼したものと思われる」

と書かれている。

いちょうを含めて一帯は明治の初め、侍から町人の所有になり、三代目の権利者一一人が、

平成一六年に土地を売買するため、市に保存樹の指定解除を申し出た。

〔保存樹の制度〕は、昭和四七年田中角栄《たなかかくえい》が〔列島改造論《れっとうかいぞう》〕を唱《とな》え国中に開発の嵐が吹き荒れた時、当時の高田景次《たかだけいじ》市長が街中にある巨樹《きょじゅ》・巨木《きょぼく》約二〇〇〇本を守ろうと市の保存樹に指定し、いちょうもその年に指定された。

指定時は所有者の同意を得なければならないが、解除には市長の許可が必要となった。

しかし制度創設時には至るところにケヤキなどの巨木があったにも拘らず、三〇年経ってみれば、保存樹は公園や小学校敷地にわずかに残るだけで、街中にはほとんど残っていない。

市都市緑化専門部会（以後、専門部会）で保存しようとしても、所有者の気持ちには逆らえず、「指定解除も、やむを得ない」と伐採され続けてきた。

しかし保存樹と言っても、謂《いわ》れのあるものはそれほど多くはない。

平成一六年専門部会員の一人が、いちょうの指定解除申請の動きを、中通のことでもあるからと知らせてくれた。

他人所有のいちょうをどうこう言えるものではないが、謂れはそこに侍屋敷があったことを物語っている。

今いちょうを謂れと共に残すことができれば、一帯が侍屋敷だったことを子どもたちも謂れを読んで知ることができるだろう。

実は近くの〔東根小屋町《ひがしねごやまち》〕に、江戸時代に寺社奉行《じしゃぶぎょう》を務《つと》めた黒澤《くろさわ》家があり、昭和六〇年、市に住居が寄贈された。

黒澤家は表門が長屋門《ながやもん》という、江戸時代の武家住宅を完全な形で伝えるものであった。

昔の建物は、建っていたその場所に保存することで、昔の街並みを今もあるかの如きに想像させる力がある。

しかし市は黒澤家を、街中から三キロメートルも離れた丘の上にポツンと移設してしまった。

見学者数は年間一〇〇〇人前後で、だんだん減少しているようだ。

いちょうに話を戻そう。

市はこれまでも城跡外で、二本の歴史的な巨木を管理してきた。

一本は城下町久保田《くぼた》と土崎湊《つちざきみなと》を結ぶ羽州街道《うしゅうかいどう》の最後のクロマツ〔油田《あぶらでん》の一本松（令和二年枯死《こし》）〕で、もう一本は旭川が雄物川《おものがわ》と合流する地点近くで昔、川を行《い》き交《か》う舟のとも綱《づな》を結んでいたと言われる、樹齢一〇〇〇年の〔川口のいちょう〕だ。

座頭小路のいちょうは道路ぎわで東側の隣地との境ギリギリに生え、南側の根は小路の地下に伸びているだろう。

間口の広い土地の入口脇にあり、いちょうを木陰として利用する開発もできるのではないだろうか。

そこでいちょうのある町内を含め、近隣七町内会長に事情を説明し、〔座頭小路のいちょうの木を守る会（以後、いちょうを守る会）〕を立ち上げ、

「〔座頭小路のいちょう〕は市内の名木の中でも、数少ない謂れのある木です。〔油田の一本松〕や〔川口のいちょう〕のように、市で管理してほしい」

と署名活動を始めた。

保存樹の制度創設に関わった吉田氏も活動に参加してくださった。

さらに氏の案内で市内の名木を訪ね歩く会も実施し、新屋《あらや》にある帆掛船《ほかけぶね》を象《かたど》った庭園松〔森川の松〕や、豊岩《とよいわ》の傾斜地に生えた見事な桜の老木〔利右衛門桜《りえもんさくら》〕などを見ることができた。

また謂れを絵に描いてくれる人が現れたので、絵に子どもたちが読んでもわかるようお話を付けた。

「㊀むかし、むかし、川《かわ》むこうの座頭《ざとう》（あんまさん）が、ここでわるいおさむらいに、切《き》りころされてしまいました。するとふしぎなことに、座頭《ざとう》のつえからみるみる根《ね》がのびて、このいちょうの木《き》になったのです。それから小路《こうじ》も、座頭小路（ざとうこうじ）とよばれるようになりました。

[二]あるとき、近《ちか》くの家《いえ》から火《ひ》がでて、いちょうの木《き》も焼《や》けてしまいました。しかしまもなく、黒《くろ》こげのいちょうの木《き》から、緑《みどり》の小《ちい》さな芽《め》がたくさん顔《かお》をだしました。いちょうの木はたくましく生《い》きていたのです。

[三]いちょうの木《き》はそれから長《なが》い間《あいだ》生《い》きてきて、今《いま》は四〇〇歳《よんひゃくさい》になりました。まいとしぎんなんをたくさんみのらせ、精一杯《せいいっぱい》生きていたのです。しかしある日《ひ》を境《さかい》に、〝この木を切《き》ってしまえば土地《とち》をうまく使《つか》えるのに〟と、ため息《いき》交《ま》じりに話《はな》す声《こえ》が聞《き》こえるようになりました。一《いっ》体何《たいなに》が変《か》わってしまったのでしょう」

お話付きの絵を配りながら、駅前や市内一〇箇所のスーパーで署名活動を同時に進めた。ボランティアの協力もあって、五〇〇〇名を超える署名を集めることができ、市と市会に届けた。

駅前に立っていた時、通りかかった若者から声がかかった。

「おばさん、帰ってくる度に、秋田はどこにでもある街並みに変わってきている。昔からあるものを、なんとか守ってほしい！」

また外国人に日本語を教えている人が、日本と外国の樹木愛の違いを教えてくれた。

「ヨーロッパではね、人に危険が及ぶ時以外は大きな木を決して伐《き》らない。土地は個人のものでも、木は公《おおやけ》のものと考えられているから、道を通す時も樹木を避《さ》けるとフランス人は言っていた。

中国ではね、敷地内の大きな木には先祖の霊《れい》が宿っていると考えられているから、決して伐らないし、家を建てる時も木を取り込むようにして建てている」

ちょうど署名活動をしている時、土崎《つちざき》駅そばの桜の名木二本が伐採された。

線路脇の広大な土地が住宅メーカーに売られ、メーカーは敷地内の桜一二本のうち土地の人が大事にしている二本を、なんとか残そうと市と話し合った。

しかし市は二本の桜を造成地から移し、遊具などを備えた公園にするようにとこだわったようだ。

住宅メーカーを訪ね、詳しい話を聞いた。

「一二本の桜の中でも立派な二本は、売手も、周辺住民も、関連業者や住宅メーカー社員、そして東京の融資元銀行も、〝あの木はなんとか残してくれ〟と言い、何度も見に行き、所内で検討し、〝二本をシンボルとした公園をつくり、市に移管《いかん》しよう〟と話し合った。しかし市は、〝桜を残せば、子どもが根に足を取られて怪我《けが》をするかもしれない。桜に虫がついたら駆除《くじょ》が大変だ。桜を残すなら公園の管理はできない。開発許可は下ろさない〟と言った。それ以上は動けませんよね」

桜は全部伐られ、公園は市に移管された。

いちょうの看板を所有者に

いちょうの指定解除が所有者から申請されたので、市は〔秋田市指定保存樹〕の標識《ひょうしき》を外した。

「なぜ突然、保存樹の標識を外したのですか」

いつもいちょうの落ち葉や銀杏《ぎんなん》の掃除をしていた市内の所有者が、市に問い合わせてきた。

解除申請の動きは、彼女に伝わっていなかった。

彼女は市に問い合わせて初めて、他の所有者たちの動きを知った。

いちょうから車で五分ほど離れた地区に住み、〔いちょうを守る会〕の署名活動も、友人から聞いて知ったという。

「父が大事にしていたいちょうを、見ず知らずの人たちが残そうと動いていることを知って……、本当に嬉しかった！」

と彼女は言い、〔いちょうを守る会〕にも入り、署名活動にも参加した。

解除申請は、所有者全員の合意ではなかったことがわかり、市は、「伐採も、やむを得ない」と専門部会から出されていた答申《とうしん》を、危ういところで保留《ほりゅう》にした。

署名に協力してくださったスーパーの社長は、謂れのお話の絵を見て、

「この絵を看板にして、いちょうのそばに掛けたらどうだ」

と看板代も寄付してくださった。

そこで〈いちょうを守る会〉は活動に参加した所有者へ、お話の絵の看板を贈呈することにし、最後の段落の文章を変えた。（口絵写真vii）

「㊂いちょうの木《き》は、それから長《なが》い間《あいだ》生きてきて、今《いま》は四〇〇歳《よんひゃくさい》になりました。まいとし、大《おお》きなぎんなんをたくさんみのらせて、見上《みあ》げる人《ひと》たちを元気《げんき》な気持《きも》ちにさせてくれます」

贈呈式で会員の女性が大声を張り上げた。

「いちょうの木さ〜ん、これからも元気で生きていってねぇ！」

そして皆でクラッカーを鳴らしてお祝いした。

「いちょうは火事に遭《あ》っても元気に生きてきただけでなく、枝を覆った葉が家々を類焼から守ってくれたかもしれない」

「大きな銀杏《ぎんなん》は飢饉《ききん》の年に多くの命を救ってくれたかもしれない」

いちょうを見上げながら、誰言うともなく話が出た。

そして、いちょうを市で管理してほしいという要望書に吉田氏の提案で、近々伐採されようとしている寺町のケヤキのことも書き足した。

「寺町通に新しい道路が通ることになっていますが、その時歓喜寺《かんきじ》のケヤキの保存樹七本が伐採されると聞きました。伐採本数を是非最小限に留《と》めてほしい」

しかしいちょうを市で管理してほしいという要望も、歓喜寺のケヤキの伐採を最小限にとの要望もすべて不採択となり、ケヤキ七本は全部伐採された。

後日、地域の中通小学校で、学習発表会があった。

確か四年生の寸劇で、〈座頭小路のいちょう〉のお話が演じられた。

いちょうの謂れから、一帯が侍屋敷だったことを知り、子どもたちは喜んでお話を劇にしていた。

劇を見て感激し、いちょうの所有者に学習発表会の様子を伝えた。

「ええっ、……!」

彼女は顔を両手で覆い、声が言葉にならなかった。

NPOを立ち上げて

初めての市長選後、私は如斯亭内で〈NPO法人あきたパートナーシップ(以後、パートナー)〉を立ち上げ、公民館・図書館などの市のサービスや病院のサービスが、市民の使いやすいものになるようにと動き出した。

そして県のNPO活動の拠点〈ゆとり生活創造センター遊学舎《ゆうがくしゃ》(以後、遊学舎)〉のオープ

ニングイベントで、

「お医者さんに聞きたいことを聞けていますか」

というテーマで参加者の声を聞く会を開いた。

「納得できない時、何度でもお医者さんに質問していますか？」

と質問すると参加者は、次々と言い出した。

「お医者さんによって、質問しやすい人と、そうでない人がいる」

「納得できない時しつこく聞くと、気分をこわすお医者さんがいる」

「副作用のことを質問したら、〝信用しないのか〟って言われた」

「質問したいけど、次の人が待っていると思うと、気になって聞けない」

「診てもらう方は弱い立場なので、何でも聞けるわけではない」

「白衣を見ると、ついひるんでしまう」

二つ目の質問、

「治療方法を、お医者さんに任せっきりにしないで、自分で決めていますか？」

と聞くと、

「ええっ？」

という顔をした人が多かった。

「治療方法を自分で決めるなんて、口出しできる状況ではない」

「治療方法は、結局お医者さんが決めるものでしょう。患者はそれを聞いて、納得するものじゃないの」

「治療方法を聞いたら、いやなことを聞かれたっていう顔をされ、その後は何も話してもらえなかった」

「治療方法を聞いてメモを取ろうとしたら、〝後で渡しますから〟と言われ、帰りに、治療方法、薬、食事、風呂について書いたメモを渡された。そういうお医者さんもいるんだと思った」

「医学に詳しくなければ、なかなか質問できない。〝何を聞こうとしているんだ〟と聞かれたら、答えられないもの」

三つ目の質問、

「診察を受ける時、きちんと挨拶をしていますか」

には、みな笑顔になった。

「でもね、挨拶しても、返事もしないで、パソコンを見ているお医者さんもいる」

「私のかかりつけ医は、〝その後どうですか〟と電話をしてくれる」

「お医者さんには、患者や家族の気持ちを受け留《と》めてほしい。そして、どのような医療を選択するか、情報を共有してほしい」

「リスクも副作用もとことん質問でき、医師から納得のいく説明があり、医師を信頼できると思った時、患者はリスクがあっても、副作用があるかもしれなくても、説明のあった治療を受け入れようと決心するのではないだろうか」

〈パートナー〉は以後、患者の気持ちを支えるため、定期的に医療に関わるディスカッションの集いを開いていくことにした。

住民ニーズに合ったサービスを

県は平成一七年に〈遊学舎〉の指定管理者を募集したので、〈パートナー〉も応募し、それまで管理していた県の第三セクターに競り勝って、一八年から任されることになった。

「市町村合併が進み、行政区域が広がった各地域で、住民ニーズに合ったサービスをきめ細かく提供するには、ＮＰＯ活動と町内会活動双方への支援が必要ではないか」

と提案した。

さらに館内利用について、

「利用者の満足度調査を年二回、意見交換会を公開で年二回、寄せられた声への対応を年一回館内に貼り出し、それらの対応について評価《ひょうか》の専門家を入れた〈運営評価委員会〉で意見を聞き、次の年に活かしていく」

と提案した。

この提案が、慶應義塾大学教授上山信一《うえやましんいち》氏と嘉悦大学教授（当時）桧森隆一《ひもりりゅういち》氏共著の『行政の解体と再生』（東洋経済新報社）で紹介された。

「二〇〇六年六月の調査時点で、指定管理者に移行していた四万一一一〇施設のうち、ＮＰＯ法人が指定された事例は七三七件、全体のわずか一・八％に過ぎない」

「（政策の立案と施設の管理運営の緊張関係を担保するための）著者注 三つ目の仕組みは先述のあきたパートナーシップの事例にあったような第三者による評価委員会だ。これは指定管理者が自ら外部の第三者に依頼して自分自身の行動計画の実施状況やＰＤＣＡサイクルが適切に行われているかどうかをチェックしてもらう。このような仕組みは、今までの公共施設の管理運営はもとより自治体の業務の中にはなかった。またこの仕組みは、第三者評価委員会やモニタリングとその情報公開のプロセスを通して、多くの市民が行政の意思決定を監視《かんし》し、またそれに参《さん》画《かく》する仕組みでもある」

しかし〔パートナー〕が、利用者にスムーズに受け入れられたわけではなかった。

年間のサークル活動を発表する〔遊学舎まつり〕は、館の利用者確保の必要もあってか、前年までは参加サークルに県から協力金が出ていた。

まつりの企画から当日の繰《く》り出《だ》しまで、受託していた三セクの職員が全部担当していたので、サークル会員は言わばお客さんであった。

〔パートナー〕が指定管理者になった時点で、県は指定管理者の予算からおまつり時の協力金を削った。

「今年から私たちが指定管理者となりました。県からのおまつり協力金は出ません」

サークル代表者が集まった〔おまつり実行委員会〕で説明すると、

「あんたたちの仕事は、県がおまつりに金を出すよう働きかけることではないのか」

と、声を荒らげた主張が続き、聞く耳を持たなかった。

事務局内でも、

「最初からはっきり言わなくても、徐々にわかってもらえばいいんじゃないの」

など意見が分かれた。

「NPOが主体になって館を管理していくことや、まつりのやり方が変わったことを、一つ一つをうやむやにしていては、不信感しか生まれない。私たちの仕事は講座や事業の参加者が、いずれは自主活動や地域活動に繋がっていく、その手伝いをすることではないのか」

しかしサークル活動が自主活動であることの理解すら、なかなか深まらず、「サークル主催の講座内容を、館が知らないのはおかしいのではないか」と職務怠慢《たいまん》のように言われ、「遊学舎まつりは、指定管理者が主催してほしい」の声はしばらく続いた。

ＮＰＯ活動や町内会活動をしている人の利用が増えているかは、年二回の満足度調査時に同時に集計し、年平均の数値を比較した。

一八年度と一九年度では、受付対応や講座内容等について「満足」と答えた人が少しずつ増え、町内会活動をしている人の利用も増えたが、ＮＰＯ活動をしている人の利用はむしろ減り、ＮＰＯ支援の難しさを感じた。

そこで県内のＮＰＯに、「どのような支援を一番必要としているのか」とアンケート調査をした。

それまでの民間の助成金の多くは事業費を対象に支給されていたが、ＮＰＯからの回答には、特に不安定な設立期の運営費の支援を望む声が多かった。

そこでパートナーは二一年、県南、県北のＮＰＯ支援センターと協力して、運営費を助成項目に含めた〈ＮＰＯ法人あきたスギッチファンド（以後、スギッチファンド）〉を立ち上げ、

「あなたの一〇〇〇円が、あきたを支える！」

をキャッチフレーズに、寄付金の募集を始めた。

〈運営評価委員会〉では毎回様々な事項が取り上げられた。

一九年の議事録には、剰余金や使用料について載っている。

「剰余金は返すのですか」

「いいえ、剰余金は返さなくともいいのです。五年間の指定管理で、委託料は五年目に向けて右肩下がりに減額されていきます。広さの変わらない施設で光熱水費は減ることがないので、最終的に人件費にしわ寄せがいきます。年々修繕費もかかります。剰余金は人件費と修繕費の資金にしたいと考えています」

「遊学舎の使用料は、〈パートナー〉に入っているのですか」

「いいえ、すべて県に納めることになっています」

「使用料が入らないと、敢えてＮＰＯに預ける意味がないのではないですか」

「県は人件費を削減する目的もあって、ＮＰＯを指定管理者にしたと思います。私たちの抱えている問題を委員の皆さんには、一つのモデルとして捉えていただきたい。ここが抱えている問題から、〝指定管理者をこのように使えばもっとＮＰＯを活かせる〟〝利用者も満足する〟といった提言を出していただければ、指定管理者をしている他の団体の背中を、押すことにもなると思います」

多くの市民が遊学舎を利用しながら意見を出し合い、使いやすい施設を一緒に作っていければと考え、また他のＮＰＯも指定管理者に挑戦するきっかけになるようにと、〔パートナー〕は指定管理者の『応募計画書』を『十七年度事業報告書』に掲載し販売した。

指定管理者は五年ごとの募集なので、続けて指定されるとは限らない。

経理を担当している元銀行員の職員は、

「『応募計画書』を公開したのはまずかったですよ。五年目に向けて、競争相手がたくさん出てくるのではないですか」

と心配していたが、なんとか五年目も指定管理者を受託することができた。

患者塾《かんじゃじゅく》を始める

平成一八年〔パートナー〕は医療について医師に質問ができる〔患者塾《かんじゃじゅく》〕を始めた。

〔患者塾〕には〔ＮＰＯ法人ささえあい医療人権センターＣＯＭＬ〕や元県医師会会長寺田俊《てらだとし》夫《お》氏、元中通総合病院院長福田光之《ふくだみつゆき》氏らが協力してくださった。

県内の多くの医師も、代わる代わるコメンテーターを担《にな》ってくださった。

参加者の気持ちを和らげ意見が出やすくなるようにと、初めに、その時のテーマを入れた寸劇をＮＰＯ職員がやることにし、シナリオも自分たちで書いた。

〔ふまじめな患者〕

看護師　お待たせしました。ただ今から診察を始めます。佐々木さん、佐々木タダオさん、中へどうぞ。

患　者　はい。

医　師　その後、調子はどうですか。

患　者　はい、先生。あまり調子は、良くないんです……けど。

医　師　お薬は、ちゃんと飲んでいるんですか。

患　者　はい……それが……。友人があまりきちんと飲むと、胃を壊すというもんで。それで三回に一回くらいは、抜いた方がいいかなと思って……。

医　師　ということは、あまりきちんと飲んでいないということですね。あなたの病気は、放っておいたら大変なことになるんですよ。それに、なんですか。毎月ちゃんと検査に来なさいと、あれほど言ったじゃないですか。今日は何か月目ですか。あれから半年も経っているんですよ。

（言葉を荒らげる）

患　者　はい……、すみません。

医　師　これからはきちんと薬も飲み、毎月検査に来てください。

患　者　はい……。

〔ふまじめな患者〕バージョンを見て参加者からは、

「私も薬に不安がある……」

「でも、お医者さんは忙しそうで質問しにくくて……」

「メモを準備して質問しようかとも思うんだけど、それって、お医者さんには失礼な気がして……」

などの声があり、コメンテーターから患者と医師に対して、

「効く薬には必ず副作用があります。薬に不安があるのなら、医師にそう言いましょう」

「手術には必ず危険が伴います。医師は手術の必要性と結果を、はっきり説明しましょう」

「医師にメモを見ながら聞くことは、失礼ではありませんよ。納得いくまで聞きましょう」

「医師は誠実に診療していますが、医療には限界があります。患者が納得するまで医師は説明し、励ましてあげましょう」

とコメントがあり、さらに、

「病気に打ち勝つことは、患者さんと医師の共同作業なんですよ」

「患者さんはまず、自分の病気を受け入れましょう」

「そして、患者さんと医師は話し合って、信頼関係を築きましょう」

とまとめてくださった。

ここで出た声を、リーフレット〈患者さんとお医者さんのよい関係〉（口絵写真ⅷ）にまとめ、県内の全病院に配布した。

多くの病院でリーフレットが待合室に貼られたようで、嬉しい便りもあった。

「〝手術には危険が伴う〟とか、〝医療には限界がある〟などと医師から言うと、マスコミに〝なんだ!?〟と言われそうでなかなか言えなかったが、ＮＰＯがこのリーフレットを作ってくれてありがたかった」

「リーフレットを見て、ということではないだろうが、患者からの質問が多くなったような気がする」

相性《あいしょう》のいいお医者さんの見つけ方

患者塾で元県医師会会長寺田俊夫氏が、とっておきの宝物を見せるように話してくださった。

「〝どうしたら相性《あいしょう》のいいお医者さんを見つけることができますか〟とよく聞かれますが、皆さんには、相性のいいお医者さんがいらっしゃいますか」

多くの人が首を左右に振った。

寺田氏は続けた。

「風邪をひいた時、皆さんは大抵かかりつけ医に行きますよね。でもその時こそ、相性のいいお医者さんを見つける絶好《ぜっこう》のチャンスなんですよ」

「えっ⁉」

「どうしてですか？」

会場がざわついた。

「風邪の治療は医師によってそんなに異なるものではありません。出す薬もそんなに違いはありません。そして大抵は四〜五日で落ち着きます。だからこそ、絶好のチャンスなんです。日頃から近所の評判なども聞いておいて、受けてみようかなと思う医師を探しておくんです。そしてこの時とばかり、行ってみるんです。実際に受診してみて、〝医師は質問に丁寧に答えてくれたか〟〝看護師や受付の対応はどうだったか〟などをチェックするんです。そうやって、ここなら良さそうと納得できるお医者さんを見つけるんですよ」

「あぁ、なるほど！」

自分の死をどう迎えたいですか

患者塾で〝死〟をテーマにすると参加者が多くなり、以後の書き込みも続いた。

事前アンケートで、「死は、怖いですか」と聞くと、

郵便はがき

料金受取人払郵便

新宿局承認

7553

差出有効期間
2024年1月
31日まで
(切手不要)

1 6 0-8 7 9 1

141

東京都新宿区新宿1－10－1

(株)文芸社

愛読者カード係 行

ふりがな お名前		明治 大正 昭和 平成 年生 歳	
ふりがな ご住所	□□□-□□□□	性別 男・女	
お電話 番 号	(書籍ご注文の際に必要です)	ご職業	
E-mail			

ご購読雑誌(複数可)	ご購読新聞 新聞

最近読んでおもしろかった本や今後、とりあげてほしいテーマをお教えください。

ご自分の研究成果や経験、お考え等を出版してみたいというお気持ちはありますか。

ある　　ない　　内容・テーマ(　　　　　　　　　　　　　　　　　　　　　　)

現在完成した作品をお持ちですか。

ある　　ない　　ジャンル・原稿量(　　　　　　　　　　　　　　　　　　　　)

書　名			
お買上書　店	都道府県　　　　市区郡	書店名	書店
		ご購入日	年　　月　　日

本書をどこでお知りになりましたか?

1.書店店頭　2.知人にすすめられて　3.インターネット(サイト名　　　　)

4.DMハガキ　5.広告、記事を見て(新聞、雑誌名　　　　)

上の質問に関連して、ご購入の決め手となったのは?

1.タイトル　2.著者　3.内容　4.カバーデザイン　5.帯

その他ご自由にお書きください。

(　　　　)

本書についてのご意見、ご感想をお聞かせください。

①内容について

②カバー、タイトル、帯について

弊社Webサイトからもご意見、ご感想をお寄せいただけます。

ご協力ありがとうございました。

※お寄せいただいたご意見、ご感想は新聞広告等で匿名にて使わせていただくことがあります。

※お客様の個人情報は、小社からの連絡のみに使用します。社外に提供することは一切ありません。

「突然訪れた時、心の準備がないから……」

「苦しむだろうと思うと怖い」

などの声がある一方で、

「人はみな死ぬものだから」

「死は悩みや苦痛から解放してくれるから、怖くない」

と達観《たっかん》した声もあった。

〈自分の死をどう迎えたいですか〉というテーマのディスカッションでは、

「いろんなことを経験して、〝もういいんだ〟と人の目を気にしなくなった。年を取ることはいいことだ」

と話す人や、

「夫はすい臓がんで亡くなる直前までしっかりしていた。遺言も書き、みんなを待っているよと言い残した。死の前日には、好きなお酒を一杯飲んだ」

と、胸の奥深くにしまっていた思い出を話す人もいた。

これまで多くの方を看取《みと》ってこられた寺田氏が話された。

「死を経験した人はいないが、臨死《りんし》体験者はいる。アメリカの女医キューブラー・ロス氏だ。

また日本では夏目漱石の本もある。それらによると、死に向かった時は苦しくなく気持ちがいい。現在は理論的にもそのことが証明されている。血圧が下がり、えも言われぬ、かったるく苦しい時間がある。その時は手当てをしてあげる。その時を過ぎ、血圧が七〇くらいに下がると、β《ベータ》エンドルフィン（脳内《のうない》麻薬《まやく》様《よう》物質《ぶっしつ》）が出てくるので、もう心地よい状態になっている。人間の体は神様がよく作っている。その時に家族が声をかけると、せっかく気持ちのいい状態までいっているのにそれを引き戻し、また苦しみを体験させることになる。苦しみは短く、早く気持ちよくなってもらった方がいい。私は亡くなる多くの方々を診《み》てきたが、すべての人が最期は安らかに逝《い》っている。人の最期は苦しまず安らかなものだと確信している」

　元中通総合病院院長の福田光之氏も患者塾で、

「早死にも、長命も、大した問題ではありません。稀に九〇～一〇〇歳まで生きる方がいますが、誰もが望んでできることではありません。皆さんの中でこれから節制《せっせい》をしても、一〇〇歳まで生きられる人は多分いないでしょう。よしんば生きられたとしても、幸せとは限りません。

　高齢の方に望むのは、自然に自分の力で生きてほしいということです。決して若い医者の考え方などに、自分の人生をそっくり委《ゆだ》ねないでください。医療や福祉に過度の期待をしてはダメです。病院で寝たきり状態だったら生きられますが、元気に歩いて帰るようにするのは難しいです。〝人生の定年を六〇歳〟と考え、たとえ病気や検査で少し異常があっても、元気で楽しければいいと思って、気ままに生きましょう。命に執着《しゅうちゃく》するほど辛くなるものです。

できるだけガンで死にましょう。脳卒中《のうそっちゅう》になったらその瞬間に生活が変わるけれども、ガンは死ぬまでの数年間、ほぼそれまでと同じ状態でいられ、しかも痴ほうや植物人間になるほどの暇《いとま》はありません。ガンと共に生きるのも良いことです。いろんなことを考えさせてくれるでしょう。ガンは私のお勧《すす》めの病気です」

と話された。

重い話はどこででも話せるわけではない。

患者塾で医師の話を聞き、不安を吐《は》き出し、参加者はそれぞれに自分の思いを探っていた。

延命治療《えんめいちりょう》は、本人が伝えて

患者塾で延命治療《えんめいちりょう》について質問した人がいた。

「本人が延命治療を望まないのに、子どもたちの間で意見が分かれることがあると聞きます」

寺田氏は、

「地元にいる子は日頃から親とよく話をしていますが、なかなか見舞いに来られない遠方の子が、この時とばかり延命治療を主張することが多いようですね。

特に兄や姉に当たる人が、日頃の不義理《ふぎり》を取り戻そうと、〝私はお母さんにまだ生きてて欲しい〟と強引《ごういん》に押し通すとも聞きます。

何よりも本人が日頃から子どもたちにきちんと伝えておくことが大切ですね」

と答えた。

このやり取りを聞いて、私も息子たちに手紙を書いて居間に貼った。

「人生の最期をどう迎えるのかは、とても大事な選択です。

私が望まないのに認知症になったり、事故などにより救急搬送《はんそう》され終わりの見えない延命治療に突入することがないよう、私の希望を書いておきます。

延命治療で命を繋いでも、元の状態に回復することはほとんどないようです。

もう少し生きていてほしいとあなたたちは思うかもしれませんが、そうなった時は〝もう十分生きたでしょう。そろそろわたしの下に来なさい〟と神様に言われたのだと思ってください。

私は人工呼吸器も、胃ろうも一切希望しません。

今まで本当にありがとう！」

息子たちは帰る度に、居間に貼ってある手紙をそっと見ているようだ。

おいしい秋田の水を守るには

平成二一年の市長選に出るため、私は〔パートナー〕と〔スギッチファンド〕の理事長を後進に託したので、選挙後は命に直結する水を守る活動を始めた。

水を守ることができれば、秋田はおいしい食べ物に恵まれているから、子どもたちは未来にわたって秋田で生きていけるだろう。

県内には、北に米代川《よねしろがわ》、中央に雄物川《おものがわ》、南に子吉川《こよしがわ》と三本の川が日本海に流れ出ている。米代川は秋田・青森・岩手県境にまたがる中岳を源にし、雄物川は山形県との境の大仙山に発し、奥羽山脈や出羽丘陵などからの旭川も含めた大小支流が合流し、子吉川は鳥海山に源を発している。

特に雄物川は延長一三三キロメートル、流域面積は県内の約四割を占め、県人口の約六割の命を支えている。

秋田市は雄物川の水を飲料水にし、主な〔仁井田《にいだ》浄水場〕は中心街からさほど離れていない。そこでまず、仁井田浄水場そばの〔仁井田舟着場〕に行ってみた。

増水から人家を守るため、雄物川にはかなり高い土手が張り巡らされていて、その土手を上って下りると、草野球のグラウンドもある広い川原になっていた。

川原には植え込みで仕切られた畑が広がり、川岸の密集した丈の低い藪《やぶ》には、ゴミが散乱していた。

舟着場は舟やカヌーが泊《と》めやすいよう、岸に向かって浅くなっており、川はその向こうに滔々《とうとう》と流れていた。

しかし岸近くにはたくさんの泡が浮き、踏み込むとヌルッと長靴が埋まるようであった。

川の水を守り、子どもたちにおいしい水を引き継ぐにはどうするか。

雄物川を〈最後の清流〉と言われている四万十川に近づけるには、どうするか。

舟着場近くにある水道水の取り入れ口付近で、刺《さ》し網《あみ》、定置網《ていちあみ》を仕掛《しか》けたらどうだろうか。

どんな魚がどれだけ獲《と》れるかを、毎年春・秋に近所の子どもたちと定点観測し、

「魚も棲《す》みやすい、おいしい雄物川の水を守るにはどうするか」

子どもたちと考えていくのはどうだろう。

日頃仙北市《せんぼくし》角館町《かくのだてまち》の桧内川《ひのきないがわ》周辺でカヌーを楽しんでいる友人が、

「舟着場の周辺がどうなっているのか、川の方から見てみよう」

と、活動を始めるにあたって、カヌーに誘《さそ》ってくれた。

雄物川の河口近くに架かる〈秋田大橋〉の下でカヌーに乗り、そこから川を遡《さかのぼ》って〈仁井田舟着場〉へ向かう。

まず櫓《ろ》の漕《こ》ぎ方から教《おそ》わった。

これまでは岸からしか、雄物川の景色を眺めたことがなかったので、水面と同じ高さからの眺めは新鮮で、見慣れているはずの景色が全く違って見えた。

川の中ほどはかなり流れが急のようで、岸の近くを進んだ。

秋田から山形へ海岸線を南下する羽越本線の鉄橋を潜ると、川岸も中洲《なかす》も丈の高い木に覆われ始めた。

川の中からしか見ることのできない景色だ。

流れに揺られながら漕いでいくと、中洲の高い木の枝からビニールハウスのビニールのようなものが、垂《た》れ下がっていた。

風に飛ばされたのか、増水時に流され引っかかったのか。

中洲を過ぎて、両側の見通しが利くようになった時、

「舟着場はもうすぐだよ」

と言われ、まもなく見覚えのある舟着場の看板が見えてきた。

よく見えるように、ゆっくり漕いでくれた。

以前長靴で舟着場の水に入った辺りも、川から見るとそれほど汚れているようには見えなかったが、川岸のゴミは目につき、大きな泡は絶えず流れていた。

「水道水の取り入れ口まで、行ってみようか」

「あっ、そうでした。ありがとう」

さらに漕ぎ進むとまもなく、岸の近くに丸いコンクリートの構造物が、水面から頭を出しているのが見えた。

これが浄水場に通じる取水装置《しゅすいそうち》だ。脇に開けられた取水口に、川の水がどんどん流れ込んでいた。

まもなく、おいしい水を子どもたちに引き継ぐため、〔マザーリバー雄物川〕を立ち上げ、〔定置網を仕掛けて、魚を調べよう会（以後、魚を調べよう会）〕を開いていくことにした。

四万十川の水質浄化に関わられた東大名誉教授で秋田県立大学教授（当時）の松本聰《まつもとさとし》氏と、NPO法人秋田水生生物保全協会代表の杉山秀樹《すぎやまひでき》氏に顧問をお願いした。

水生生物保全協会にはさらに魚を獲る網の仕掛けを、そしてNPO法人秋田パドラーズにはカヌーに乗って岸辺の子どもたちの見守りをお願いした。

万が一、子どもたちが川に落ちても溺《おぼ》れないよう、子ども用と大人用のライフジャケットを、日本財団に応募して購入した。

仁井田舟着場からあまり遠くない、四ツ小屋《よつごや》、仁井田、大住《おおすみ》、御所野《ごしょの》、川尻《かわしり》の五つの小学校に事業の説明に回り、〔魚を調べよう会〕のチラシを子どもたちに配布してくださるようお願いした。

低学年には親の付き添いをお願いし、参加者全員にレクリエーション保険をかけることも説明した。

校長先生たちは一様に、

「私たちは日頃、〝雄物川は危ないから近づかないで〟としか言えません」

「それは、そうですよね。わかります」

先生たちはチラシ配布を快く引き受けてくださったが、心配な気持ちは、よくよく伝わってきた。

川の水を飲んでいることを知らない子どもたち

二一年秋、一回目の〔魚を調べよう会〕を開いた。

付き添いの親を含め、二九名の参加があった。

子どもたちはほとんど、毎日飲んでいる水道水が雄物川の水であることを知らなかった。

最初に、舟着場から取水口近くまでの、岸辺のゴミ拾いをした。

至るところに藪の枝や根が伸びているから、転んで怪我をしないよう、その拍子に川に落ちないよう、会員は手分けをして目を光らせた。

ゴミはペットボトルや牛乳の紙パック、古タイヤや自転車、そして取水口の付近には農薬の袋まであった。

ゴミ拾いの後、前日から仕掛けておいた刺し網と定置網を引き上げた。

舟着場の駐車場に広げたビニールシートの上で、網にかかった魚をみなで手分けして外した。網にかかり動けないでいるところを、カニに食べられた魚もあったが、生きている魚は名前を水生生物保全協会の杉山代表に聞き、体長を測って水槽《すいそう》に入れた。

獲れた魚は一四種類三四匹で、カニやエビなども含めるとなんと約一〇〇匹もいた。絶滅《ぜつめつ》の恐れがあると指定されているヤリタナゴやアカヒレタビラもいて、雄物川はまだそれらの魚が棲《す》める環境であることがわかった。

サケやアユなど川と海を往復している魚も多く獲れたが、汚れた川に好んで棲むというニゴイも二匹獲れた。

蛙、鳥、虫まで何でも食べるというオオクチバスも、二匹獲れた。オオクチバスは特定外来《がいらい》生物に指定され漁業被害が出ていて、生態系《せいたいけい》に及ぼす被害を防ぐために駆除することになっていて、杉山氏は腹を裂《さ》き、胃の中が空であることを確認した。

何よりも子どもたちが喜んだのは、体長約六〇センチメートルのオスのサケが獲れたことだった。

子孫を残すために故郷の川に帰り、役目を果たして疲れ切ったサケを、子どもたちは代わる代わる抱き、他の生きている魚と一緒に放流した。

「おつかれさま！」

「ありがとうね！」

思わずみんなが声をかけた。

参加者が帰って後片付けをしていると、近所に住むという人がモクズガニの網を抱えてやってきた。

「網を仕掛けようと思ってなぁ。あっ、これか、畑のゴミだ。ついでに川に捨てるんだ」

川でカニを獲り、同時に畑のゴミを川に捨てていく。

そう言えば以前、仁井田よりさらに上流の河辺《かわべ》に住んでいる人が言っていた。

「俺がだょ、小せぇ頃からゴミ溜《た》まれば、〝川さ捨てて来い〟って言われて育ったもんだ」

また雄物川の川原で野菜を作っている人たちは、雑草などを捨てずに畑の端にまとめて盛り上げて置くという。

増水時に、一挙に川が運び去ってくれるからと。

下水排水口脇で、子どもたちが泳いでいた

「四万十《しまんと》を見ずして、四万十は語れない」と、平成二二年夏、四万十川を訪ねた。

四万十川の水質浄化に関わられた顧問の東大名誉教授松本聰氏も、急遽《きゅうきょ》東京から駆けつけてくださった。

松本氏は高知県知事の依頼で、平成元年から五年かけて四万十川に流れ込むすべての流れの水質を調査され、最も汚れがひどい二五箇所に、〈四万十方式〉と名付けた水質浄化装置が設置された。

最初に設置されたのは四万十町昭和地区で、仕出し屋、魚屋など近隣一〇店舗の排水が流れ出し、一番汚れていたそうだ。

訪ねた時も装置に入る前の排水はまだドロドロに濁《にご》って、脂分《あぶらぶん》が浮いていた。しかし、濾過《ろか》された排水には脂分も泡すらも浮いておらず、排水の栄養価が高ければ排水口付近に生えるはずの藻も一切生えていなかった。

そしてなんと、排水が四万十川に流れ込んでいるそのすぐ脇で、近所の子どもたちが歓声を上げて泳いでいた。

次に訪ねたのは窪川《くぼかわ》地区で、ここの琴平川《ことひらがわ》は以前ドブ川であったという。今は元の流れを少し残し、本流を流れに沿って敷《し》いた石畳の下の濾過《ろか》装置に通し、四万十川に合流させていた。

濾過装置には鍵がかかっておらず、誰でも見ることができた。

装置には腐葉土《ふようど》、木炭、珪石《けいせき》（石灰石）が順に三回繰り返して置かれ、流れがそこを通ることによって、塩素等の薬剤を一切使わなくとも脂分が分解されていた。

設置されて二〇年も経っているというのに、最後の珪石にはぬめりも汚れも全く付いていないことを、松本氏はふたを開けて見せてくださった。

氏は、

「特に白神山地の腐葉土には、石けん等の栄養価の高い物質を吸収する特殊な微生物《びせいぶつ》が付いている」

と説明してくださった。

秋田の白神山地の名前に驚き、県人として何か誇《ほこ》らしい気持ちになった。

四万十方式は一旦設置すれば塩素の注入など定期的な作業は一切不要なので、建設に関わった業者はすべて手を引いたとのことであった。

四万十町役場からの資料には、維持管理年七回とあったが、定期的にメンテナンスされているようには見えず、濾過装置への流入口には落ち葉や小枝がたくさん引っかかっていた。

その他何箇所かを見せていただき、最後に十和《とおわ》地区の道の駅に行った。

そこは比較的新しく建てられた施設で、四万十方式とは違い、塩素殺菌装置が設置され、鍵がかけられていた。

塩素で殺菌されているのだろうが石けん分は分解されず、道の駅から出る排水には泡がたくさん浮き、次から次へと四万十川へ泡が流れ込み、景観を台無しにしていた。

リーダーが代われれば、価値ある〔四万十方式〕も、脇に寄せられてしまうのだろうか。

宿を提供してくださったお寺の奥さんに尋ねた。

「四万十川を守るために、皆さんが日頃やっていることは何ですか」

「脂分が排水口に流れ込まないよう、油の付いたフライパンは、必ず紙で拭《ふ》いてから洗うことにしています」

「それなら各家庭でもできることですよね」

また役場でも聞いた。

「四万十川を守るために、地域でやっていることはどんなことですか」

「そうですね。農協が地区ごとに、農業用廃棄物《はいきぶつ》を回収しています」

「そうなんですね。そうすれば増水時に、ビニールハウスの残骸《ざんがい》や農薬の袋、畑で出たゴミなどが川に流れ込むことはないですよね」

四万十川を上流から河口まで巡り、川底の石まで見える透明さに圧倒された。

松本氏は、

「高知は年間平均気温が高く、土中の有機物の分解が速いのです。そのため土中には養分が含まれていず、（土は）著者注痩《や》せて赤茶けています。秋田の土壌は黒っぽいか粘土質で、土中に有機物がたくさん混じっていて肥えています。それらの細かい土が雄物川に流れ込んでいるので、汚れて見えるけれども、それほど汚れているわけではありません。雄物川は豊かな川です」

と、高知と秋田の土壌の違いを教えてくださった。

食べ物としての川魚に、もっと関心を

秋田に帰ってきてすぐ、三回目の〈魚を調べよう会〉を開いた。

親子連れなど、五四名の参加があった。

体長四〇センチメートルほどの、ボラの仲間のメナダも獲れた。

「大きな魚やカニが獲れて驚いた。これからもたくさんの魚が棲む雄物川であってほしい」

参加した小学三年の男子生徒が言った。

そしてその年、会員に四万十川報告をし、「雄物川を守るために、私たちができること」を話し合った。

「ゴミを捨てないは、当たり前だよね」

「舟着場のゴミの多さに、びっくりした」

「フライパンを紙で拭いてから洗うことを、秋田でも習慣にできたらいいね」

「そうすれば、洗剤を使う量もきっと減るね」

「飼っていた魚や外来魚の放流は、絶対ダメだね」

報告会で出たそれらの声をチラシに書いて、以後の〔魚を調べよう会〕では必ず配った。

翌二三年春も〔魚を調べよう会〕開催の準備をしていたが、三月に東日本大震災が発生し、水辺のイベントは、さすがにその年は開けなかった。

以後、大雨による増水で開けない時もあったが、春と秋の年二回、定点観測を続けることができた。

二六年春は、付き添いの親を入れて五五名の参加があった。

目の前で、前日午後に仕掛けた刺し網と四枚の定置網を引き上げた。

準絶滅危惧種のキタノアカヒレタビラや体長三〇センチメートルのギンブナ、モツゴ、モクズガニなどが獲れた。

子どもたちは網にかかった魚やカニを、最初は怖そうに触っていた。

東京から転校してきた小学六年の女子生徒が両親と参加し、

「いろんな魚がいて、楽しかった」

と話した。

二七年秋まで、合計一〇回の調べよう会を開くことができ、延べ三四一名の参加があった。

毎回、前日から網を仕掛け、当日も川の中に腰まで浸かって網を引き上げてくれた水生生物保全協会、カヌーを繰り出し、川岸で移動する子どもたちの安全を見守り、集めたゴミの運搬をしてくれたパドラーズ、そして当会会員のおかげで、けが人を出すことなく続けることができた。

水生生物保全協会の杉山秀樹代表が一〇回の〈魚を調べよう会〉をまとめて、「雄物川で獲れた魚の記録から見えること」と題して話してくださった。

「コイやギンブナ、ウグイなど昔からいる普通の魚が、当たり前に棲息《せいそく》していることが、とても重要です。しかし本来いるはずのないゲンゴロウブナなどの国内の外来種や、オオクチバス、ブラックバスなど外国外来種が、棲息し始めています。

ヤリタナゴやキタノアカヒレタビラなどの準絶滅危惧種が、少しは獲れていましたが、二枚貝がいなくなってきているので産卵できず、このままでは絶滅危惧種になってしまう恐れがあります。

日本人は今、川に上ってきたサケを食べなくなりましたが、サケ以外にも、アユ、メナダ、スズキ、ハゼなど多くの魚が、海と川を行ったり来たりしています。私たちは食べ物としての川の魚に、もっと関心を持ち続けることが必要です」〈講演内容は原文のまま〉

とまとめてくださった。

この杉山氏の「もっと川の魚に関心を持ち続けて」と、松本聰氏の「雄物川は豊かな川です」の言葉を胸に、〔魚を調べよう会〕は一〇回を機に、一旦終了することにした。

地震・津波発生時の相互支援とは

東日本大震災が発生した平成二三年三月一一日は、夫の県会の最終日であった。

夫は一九年、県議初当選直後に脳梗塞《のうこうそく》を発症《はっしょう》した。

前半二年間は療養《りょうよう》し、後半二年間は建設委員として県内・県外調査も含めて車いすで一度も休まず登庁し、私はその都度介助《かいじょ》してきた。

二三年本会議がちょうど終わりかけていた時、議場が大揺れに揺れた。

その後テレビで津波の映像を見る度に、私たちが居住している中通地区は海岸線から遠いとは言え、住居は中心街を流れる旭川のすぐ近くにあり、津波が川を遡上してきたらどうするかと真剣に考えた。

指定されている避難《ひなん》場所は近くの小学校グラウンドで、土地の高さも川からの距離も自宅と大差はない。

近隣の高台と言えば、約七〇〇メートル離れた城跡公園で、そこまで行くには、幹線道路を二度も横切らねばならず、車いすの夫を介助しながら逃げられる距離ではない。

さらに一九年には、町内会長を引き受けていた。

事業所とマンションに囲まれた二〇軒弱の町内会ではあるが、一人暮らし高齢者が四名おり、同居家族の状況によってはさらに増える可能性もある。

町内会エリアには一三階建てと一五階建てのマンションが一棟ずつ建っており、近年一五階建てがさらに一棟増えた。

マンション住人はそれぞれの管理組合に属し、町内会員ではない。

この環境で近くて安全な避難場所と言えば、マンションの三階以上の共有フロアだろうが、マンション住人にも利点がなければ町内会員の避難を受け入れてはくれないだろう。

そこで駐車場の活用を考えた。

夫名義で管理している駐車場は自宅前に一七台分あり、隣接病院の駐車場は、約三〇台分はあるだろう。

しかもどちらの駐車場も高層ビルに接していないから、地震の際、上からの落下物の危険性は高くない。

地震・津波発生時に町内会会員が、以前からある二つのマンションの三、四階共有フロアに避難させてもらえないだろうか。その代わり、地震時にマンションが揺れてマンション内に留まるのが怖い場合は、駐車場を避難場所として使ってくれればいい。

以上の枠組みを、まず町内会員の一員でもある隣の病院院長に説明したところ、快く承諾してくださった。

次に町内会総会で説明した。

マンション側が不安視するのは不審者《ふしんしゃ》の出入りであろうから、二つのマンション入口に、町内会役員が手分けして会員確認《かくにん》係に立つことにしたらどうだろうか。

また駐車場に避難の際は、出入りで事故が起きないよう、マンション側に駐車場入口での交通整理係をお願いできないだろうか。

共有フロアの使用料と駐車場の使用料はいずれも無料とし、使用期間は地震・津波が発生し、または発生する恐れがある時とし、避難以外の目的には、共有フロアも駐車場も使用しない。

そして使用を終えた時、互いに原状を回復する義務を負うとした。

以上を町内会総会で説明し了承《りょうしょう》されたので、以前からの一三建てと一五階建てのマンション管理組合を訪ね、理事長に説明し、後日理解をいただくことができた。

翌二四年春、病院の役員室で、二つの駐車場に関わる町内会と病院、二つのマンション管理組合の間で、〔地震・津波発生時における緊急避難相互支援協定書《きんきゅうひなんそうごしえんきょうていしょ》〕の調印式《ちょういんしき》を行った。

この種の取り組みは地域でも初めてのようだったので、中通地区の町内会連合会《れんごうかい》会長にも調印式に同席していただいた。

その後、夫名義の駐車場の契約者に協定書の写しを送付し、緊急時、駐車場に人があふれることがあるかもしれないので、駐車場環境の変化が不都合な方には、契約途中の解約をお願いした。

しかし解約者はいなかった。

駐車場を借りている人の多くが、二つのマンション関係者だったからかもしれない。

後日マンション管理人が、

「〝協定書は地震・津波の時ばかりでなく、マンション火災の時も役立つのではないか〟と系列マンション関係者に言われた」

と知らせてくれた。

協定書を結ぶ以前は、マンション管理人とは朝夕の挨拶だけだったが、以後マンションの防災訓練や避難訓練時には、町内会にも声をかけてくれるようになった。

マンション前に仮設されたテント内で煙幕《えんまく》体験もさせてもらい、煙で実際に周《まわ》りが全く見えなくなることを初めて知った。


二七年冬、夫は吐血《とけつ》し、末期の胃がんと診断され、入院を勧められたが、

「薬は要りません。家に帰ります」

と帰ってきてしまった。

訪問診療・訪問看護・ホームヘルパーに時間差シフトをお願いし、夫に代わり出馬して当選した県議をしながら在宅介護を続けた。

夫は三か月後、苦しむことなく腕の中で旅立った。

彼が望んだ、誰も来ない二人きりの日曜日であった。

矢^や留^{どめ}の市^{いち}

市長当選時から県民会館を語る佐竹氏

安土桃山時代に国中で八番目の大大名であった佐竹義宣《よしのぶ》は、関ヶ原の戦いに参戦しなかったため、常陸太田《ひたちおおた》の水戸城から出羽国（現在の秋田）へ国替えとなった。藩主義宣は徳川幕府に徹底した恭順《きょうじゅん》の意を表するため、別名矢留城《やどめじょう》と呼ばれた久保田城を石垣ではなく丁寧な土手の城とした。

その城跡の南側に三代目の秋田赤十字病院（以後、日赤）が建っていたが、平成一〇年、市の東南部郊外に移転し、翌年県はその跡地を取得した。

秋田市は平成八年に中心街の再開発計画を決めており、再開発は以後その日赤跡地の利用をめぐって展開された。

当時の石川錬治郎《いしかわれんじろう》市長（平成二〜一三年）はそこに大型店の誘致を働きかけたが叶《かな》わず、次に隣接ホテルの改築に合わせ、芸術文化ホール建設を公表した。

再開発はこれでようやく加速するかに見えたが一三年、市長は女性問題で辞職し佐竹敬久《さたけのりひさ》氏が市長になった。

佐竹氏はその四年前、県庁職員による食糧費《しょくりょうひ》の公費乱用《らんよう》問題で辞任した佐々木喜久治《ささききくじ》知事の後を受け、県庁職員を辞して知事選に立候補したが、横手市長から参選した寺田典城《てらたすけしろ》氏に敗れていた。

市長当選直後、佐竹氏は「秋田魁新報」に再開発事業について語っている。

「市文化会館や県民会館の耐用年数、機能との整合性をどう取っていくかが問われる」

文化会館は再開発エリアから二キロメートル以上も離れているのに、なぜ佐竹氏は「再開発事業との整合性」と語ったのだろうか。市長に当選したばかりなのになぜ「県民会館の機能との整合性」と語ったのだろうか。


佐竹市長はさらに翌一四年、再開発準備組合（以後、準組）に〔訓告《くんこく》〕の処分を出した。

「組合理事会の討議資料を市長が第三者から入手した。まだ市が一切判断していないことを、一定の方向を示唆《しさ》したように書かれていた。今後部外者に漏れることがないよう、情報管理をきちんとしてほしい」

結びに、

「改善がなければ、市の助言・指導は難しい。事業の主体はあくまでも準組」

と罫線《けいせん》で囲んであった。

再開発は市民の関心を呼び、当然様々な情報が流れる。

「まだ市が一切判断していないこと」が、「一定の方向を示唆したように書かれていた」としても、「まだ市は一切判断していない」と言えばいいだけではないだろうか。

さらに、「事業の主体はあくまでも準組」とあるとおり、最終的には総会で決まっていくものであろう。

しかしその後、佐竹市長の下、総会の議決を経ずに再開発エリアが強引に変更され、事業は四年間〔店晒し〕となった。

如斯亭も佐竹市政の中で八年間、合計約一〇年以上〔店晒し〕となっていた。

〔店晒し〕は相手方に言うことを聞かせるための手法なのではないだろうか。

再開発は〔訓告〕と〔店晒し〕が効《き》いてか、最後まで表の顔は民間、水面下では市の言うことを聞かなければ一歩も進まないという、市・準組の力関係の中で進められた。

当初から関わっていた複数の元理事は、

「初めから透明性のない事業で、進め方に疑問を呈した私たちは即解雇《かいこ》となった」

と語った。

当時準組の姿勢を心配した中央銀行担当者は、準組関係者に書き送っている。

「市から指導をしてもらうのではなく、準組の主張を市と議論すべきです。準組が市に代わって事業の正当性を、市民・県民に主張する姿勢が必要です」

二〇年に亡くなった元準組役員の家族は、

「親父は、再開発に殺されたようなもんだ」

と、吐き捨てるように言っていた。

その頃寺田知事は、

「レオナルド・フジタ（藤田嗣治《ふじたつぐはる》）の作品を、県立美術館と共に再開発の核にしたい」

と発言し始めた。

そして県・市・準組・商工会議所からなる再開発推進《すいしん》協議会が設置された。

市民にとっては、さらにわかり難《にく》くなった。

「どこまで進んでいるの」

と準組に聞けば、

「市会の承認を得なければ決まらないので、話せない」

市の担当者は、

「市だけでは決まらない。県議会（以後、県会）の承認を得なければ進まない」

と堂々巡りしているように見えて、市民の目の届かないところで、事業はどんどん進められ、県は県立美術館を新しく、市は交流施設・駐車場・広場を、民間は商業モールとマンションを整備する合意が交わされた。

フジタに惚れた平野の、命がけの美術館

県立美術館にあるフジタの絵〈秋田の行事〉は、フジタと県内有数の資産家であった平野政《ひらのまさ》吉《きち》の出会いによって生まれた。

渡部琴子著『平野政吉　世界のフジタに世界一巨大な絵を描かせた男』（新潮社図書編集室）には次のようにある。

「昭和十一年（一九三六）、フジタが日本政府の肝いりで日本を欧米に紹介する映画を製作することになり、秋田にやってきた、そのときのことである」

「『私は、みなさんよくご存じのように、いささか自負するところのある大芸術家でありま す』」

「耳目《じもく》が集まるなか、平野政吉は、『もし、ほんとうに、自分もそう信じて疑わぬ自信があるのなら、世界一の証拠を見せていただこうじゃありませんか』フジタがおもむろに言い放った。『それだけの覚悟と、それなりの準備をするなら、描きましょう』」

「かくして、昭和十二年二月二十一日、『世界一巨大な絵』の制作がスタートした」

「フジタがカンヴァスに筆を下ろしてから百七十四時間、十五日間で、横二十・五メートル、縦三・六五メートル、畳の数にして六十四枚に及ぶ、三七〇〇号といわれる『世界一の絵』は完成した」

「第二次世界大戦が勃発《ぼっぱつ》した。その年に平野は予《かね》て懸案の藤田美術館建設に向けての青写真を公表している。それに拠ると、藤田美術館は市内八橋《やばせ》に百五十万円を投じて建てる」

「だが既に戦時統制下にあり、工事は、頓挫した。地下室部分の杭打ちと排水工事の段階で、鉄材は買えなくなった。個人の鉄材使用は、一切、禁じられた」

「昭和十五年五月二十三日、最後の帰国船伏見丸でマルセーユから地中海を通り、七月七日にフジタは君代と神戸に着いた」

「昭和十七年三月にフジタは戦争記録画制作のため、陸軍省よりシンガポールに派遣《はけん》され、五月、海軍省から南方に派遣される」

「日本で戦争絵画の第一人者であったフジタは、敗戦とともに掌を返した日本人によって戦争協力者のスケープゴートにされたのである」

「農地改革で、三百町歩の大地主であった平野の家は、祖父からの代の田畑を八割方失った」

「平野の金庫はいまや空っぽに近かった。それでも、家屋敷を抵当に入れ、借金しても、フジタの絵一枚にこれだけの大金を投じて悔いなかった。それは、フジタが日本を離れる際に役立てて欲しいという、ただそれだけの一念であり、それが、平野の男伊達《だて》であった」

「昭和三十七年（一九六二）十二月、平野は美術館建設計画をいよいよ具体化しようと、『平野コレクション』の『財団法人』化の手続きを行った」

「身体に不安を覚えた平野は、この年の暮れに家人を通して、『大町一丁目の自宅を毀《こわ》して、平野家を美術館として遺《のこ》したい』と、秋田県知事・小畑勇二郎《おばたゆうじろう》に美術館建設の協力をたのんだ」

「ようやく平野の美術館建設計画は実現に向かって動き出した」

「その美術館が昭和四十年十二月に完工予定となり、昭和四十二年の春に開館の運びとなった」

（四一年[著者注]）「五月に平野はフジタのいるフランスに飛んだ。フジタが昭和二十四年に日本を離れる前の年に会って以来、二人は十八年ぶりの再会である」

「二人は固く手を握り合った。このとき、フジタ七十九歳、平野七十歳である」

　平野が渡仏した時のメモや手紙が後に見つかり、県立美術館の学芸員は、

「県立美術館は自然光を採り入れ、大壁画は円弧《えんこ》を描くように展示する構造。メモや手紙は、県立美術館建設に際し、フジタ自身が要望を出したことが分かる貴重な資料」

と「秋田魁新報」に語った。

　四二年（秋田県立美術館・財団法人平野政吉美術館（以後、県美））は、子どもに夢を届けたいとの平野の思いから子どもの日に、久保田城跡の南端、堀に面した場所に開館し、多くの

県民からも寄付があった。

平野が美術館を造りたいとフジタに申し出てから三一年経っていた。

そしてフジタはその翌四三年（一九六八）、八一歳で亡くなった。

平野は財団法人平野政吉美術館（以後、平野美《ひらのび》）に、〈秋田の行事〉をはじめとするフジタ作品、西洋絵画、秋田蘭画など三二〇点、後年さらに追加し、合わせて五九九点を寄付し、平成元年に九三歳で亡くなった。

持ち出しゼロと偽《いつわ》って、平野美に移転を迫った県

「県美をフジタ作品と共に日赤跡地に移し、再開発の核にしたい」

寺田知事は、平成一八年以来度々語った。

一九年、佐竹市長も県美の移転を強く要請した。

「週刊アキタ」は、

「西村哲男副知事が、大野理事長を訪ね、初めて正式に要請する形をとった。大野理事長自らは強い反対の意向を持っており、『あれだけの独立した立派な建物の中にあるフジタ作品を、いまさらビルの中に移したい、という明確な理由が分からない。美術館は、本来は閑静な雰囲気を保った場所にあるべきで、城跡の堀端に深い緑の庭を持った現在の建物こそが最適である。

移転させる必要性は全くないと思う』また寺田知事が『再開発の核としたい』と言っている点については『人を集めて賑わいを創出しようというなら、もっと他のことを考えるべきだ。現在の平野美術館は1日平均50人が入ればいい方で、昭和42年の開館以来ほとんど変化はない。とても人寄せの核にはなるまい』と語っている」

「同法人の理事は7名、監事2名、評議員8名となっている。秋田市について造詣の深い井上隆明文学博士は『私は移転には反対を唱えるつもりだ』と明確に語っている」

　と報じた。

　また「秋田魁新報」は、県が県立美術館移転問題について、

「日赤・婦人会館跡地へ移転新築した場合、建設費は十五億円程度と見込まれるが、同跡地内にある県有地約一・二ヘクタールが資産として建設費に充当され、県の現金支出がほぼゼロになるとの見通しを改めて説明。さらに県は平野美理事長が耐震診断の客観的データを求めたことに対して、耐震診断には結果判明まで五カ月程度の時間がかかると言う」

　と報じた。

　実際は平成二二年三月一六日県会の総括審査《そうかつしんさ》で再開発の地価について担当者は、

「そもそも鑑定《かんてい》評価をやったのは、平成一二年と二〇年で、実勢《じっせい》価格はそれしか把握《はあく》していなかった。平成一八年はやや負担が出かねない臨界《りんかい》点辺りの時期であった」

と答え、能代市山本郡の県議は、

「議会に正確な数字を教えないで事業をこれで遂行しますよという話をしたと同じ、はっきり言えばウソをつかれたということだ」

と苦言を呈したが、県は以後も理事会に圧力をかけ続けていた。

「耐震診断の結果判明まで五か月」という県の説明に理事長は「進展がない」と三度目の保留をしたが、その後開かれた理事会で、理事七名中、理事長を除く六名が、賛成三票、反対二票、白票一票の三対二と割れ、移転が了承された。

この間の経緯が「週刊アキタ」に書かれている。

「前回の理事会時点で理事の多くは反対していた。理事長は美術館はその性質上賑わい創出の核とはならないが、堀端の景観と共に秋田市の観光名所として40年の歴史がある。そして建物は堅牢で、補修をすればまだまだ使えると、全会一致の移転反対を試みたが、全理事を納得させるには至らなかった。そこで理事長は、『必ず、賛成、反対いずれかの意思表示をしてほしい。白票は困る』とくぎを刺したという。

理事長の読みでは、賛否3対3で同数となり、自分が裁定することになるだろうと思っていたが、フタを開けると白票が1票あった。しかも白票を投じた井上氏自身、そのことを述べ、その場で辞意を表明した。この結果は理事長には『意外だった』と言っている」

「週刊アキタ」はさらに、

「理事長が最後に送ってきた文書には『県は美術館移転の第一義を賑わい創出としていたが、それが崩れると耐震不足・設備不足・老朽化に論点をズラして来た。同館は平成10年のリニューアルで設備一新しており、今後移転して新館を建てなければ明日にも崩落するが如き言い方はおかしい。そもそも同館はフジタの意向を反映して設計・建設されたものであり、建設当時、2千万円の寄付をした人々の心情に思いを致し、100年後の子供達のためにもこの建物を保存すべきと判断する』とあった」

と報じた。

県は時によって、相手によって、言葉を変えて対応したと思える箇所が散見される。

一九年一二月二五日「秋田魁新報」は、

「県によると、補強工事の費用を算出するには、数千万円かけて耐震診断を行う必要がある。診断経費を年度内に予算措置するのは困難としている」

と報じたが、二二年三月一七日の総括審査で教育長は秋田市の県議に、

「耐震診断は数百万円単位でかかります」

と答えている。

また、二〇年一月二二日の「秋田魁新報」は、

「県は財団が求めている耐震診断を行うためには時間と費用がかかるため、過去の別の事例から割り出した耐震補強の試算と、移転した場合のイメージ図を理事らに示して説明したいとした」

と報じた。

このイメージ図について、平野政吉の息子、平野美名誉館長平野《ひらの》誠《まこと》氏は「週刊アキタ」に、「移転に賛成する条件として、『既存の曲線の屋根の形は、新しい県美の設計においても残してほしい』と要望し、当時の県の担当者はその考えに沿ったイメージ図まで示し、同意していた」

と語っている。

しかし二二年三月一七日県会で秋田市の県議が、

「県民の篤志《とくし》と平野さんの篤志、寄付金そういうものであの建物は建てられたと答弁しましたが、図面を見て平野名誉館長が騙《だま》された思いがしたと言っている」

と質問した時教育長は、

「二〇年頃だと思います。現在の建物をデジカメで撮って、それをただコピーしたものなのです。私どもは、単独館だということを強調したかったのですが、それを同時に形状までもというところになったらしい。そこが説明不足と言えば、私どもの配慮不足だったかもしれません。

その方（新県美の設計者 著者注）は偉大ですので、この形状で造ってくれとは、まさか頼むことはできません」

と答えた。

「単独館ということを強調したかった」と教育長は県会で答えたが、その後何度も、「現在のデザインを取り入れた建物とする」と語っている。

〔美術館を残したい会〕で署名活動

初めて秋田駅に降り立った旅行者は、一方通行の車の流れに誘われるように、駅から広小路に沿って歩き出す。

まもなく右手一面に、城跡の堀が空を映して広がる。

道はやがて下り坂になり、眼下には〔大手門の堀〕、さらにその奥に〔穴門の堀〕が見え、季節によって一面の蓮の花が迎え、春先には北帰行の白鳥が、「クイッ、クイッ。クイッ、クイッ」と鳴きながら空を渡っていく。

目を奪われながら道なりに進むと、堀の向こうに三角屋根に丸窓の素敵な建物が見える。

それを県美と知らなくとも、誰でもまずそこでシャッターを押す。

これが市民一押しの景観である。

にも拘らず佐竹知事は、

「美術館建物を解体し、バスの駐車場にする」

と言った。

平成二二年早春、日赤移転後の中心街に医療施設を造り近隣住民の生活を支えようとしていた松野《まつの》仁《ひとし》氏に、私は共同代表をお願いして〈県立美術館を残したい会〉を立ち上げた。

二月県会が終わる前までの一か月弱に、「県立美術館の解体・移転計画の見直し」を求め、秋田駅を中心に署名活動を始めた。

県会に請願書を出すことも考え、同時に賛同団体を集めた。

署名活動が始まったとニュースが伝わるや、署名するために駅前にわざわざ来た人がかなりいた。

署名には市民活動団体や秋田県華道連盟の協力もあった。

華道連盟はこれまで、県美の一階展示ホールを花展に使い続けていた。

毎土日に駅前で署名用紙を貼った画板を肩から掛けて立つと、目の前に列ができた。

私はそれまで何度か署名活動を主催したり、協力したりしてきたが、署名しようと人が列になって並ぶのを見たのは初めてだった。

用紙の下段に、「この用紙をコピーして、回してください」と書いたことも幸いして、多くの人が自主的に用紙をコピーして回し、土日に駅前に届けてくれた。

さらに、「署名をお願いしようとしたら、〝他からも回ってきて、もう署名した〟と言われた」などの声もあった。

またお茶飲み話や家庭の茶の間でも、毎日のように美術館のことが話されているとも聞いた。

寄せられた意見には、

「県美はフジタが正倉院《しょうそういん》のイメージを提案した、彼の〈秋田の行事〉と一体となった文化遺《い》産《さん》だ」

「美術館を残すか、移すかについて、一度も県民の声を聞いていない」

「秋田では以前、記念館や裁判所など歴史的な建物が解体された。今また同じ間違《まちが》いをしてはならない」

などの声が多かった。

県会の会期末の二四日間で集まった署名者数は、一万六三二八名、賛同団体は二四団体となり、県と県会に届けた。

署名者数が多かったことが影響してか、県会は会期延長となった。

署名は県美解体の見直しを求めるものであったが、再開発の進め方への反対に繋がっていった。

県会の会期延長は二一年ぶりで、平成二一年から知事になっていた佐竹氏は、再開発について、

「県・市・〔まちづくり株式会社（以後、まち㈱）〕が別個に施設を運営することで、再開発のリスクを分散している」

と答えた。

〔まち㈱〕は再開発組合（以後、組合）が整備したところを買って運営する会社だが、県会の建設交通委員会（以後、建設交通委）が招いた参考人は、

「近隣の商店街が再開発へ出店を申し出たが、〔まち㈱〕からは何の反応もなかった」

と話し、組合の会員も、

「〔まち㈱〕に進み具合を聞くと、〝組合の総会では言えない〟と言う。事業がうまくいかなくなると誰が責任を取るのか。市は責任を取らないし、〔まち㈱〕の社長も〝取らない〟と言っている」

と不信感を露《あら》わにして語り、県・市・〔まち㈱〕の対応がバラバラで、連携《れんけい》して再開発を盛り上げる展開にはなっていなかった。

「誰のための再開発か。県民の声が反映されているのか」

と県会でも厳しい意見が続き、建設交通委の正副委員長も、

「事業費一四七億円の八割以上が公費なのに、再開発エリア内の空き家を事前に買い取って組合員になった建設会社が、組合内部の数字を知り尽くしていて、難なく再開発の特定業務代行者に選定され、競争原理《げんり》が全く働かない問題のある状況だ」

と語った。

県会の会期延長が決まった時点では自民党会派内でも、再開発の反対者はほぼ半数であったが次々に切り崩され、最後まで説得を拒《こば》んだのは建設交通委の正副委員長、予算特別委員長、副議長の四名で、彼らは党議拘束《とうぎこうそく》に反しても反対し、役職を辞任した。

しかし過半数の議員を擁する自民党の賛成多数で、再開発を含んだ予算は会期末ギリギリに可決され、フジタの〔秋田の行事〕は新しく建てられる県美に移されることが決まった。

県美の建物について知事は、

「残す可能性も検討する」

と答えた。

同年平野名誉館長は「週刊アキタ」に、

「財団では管理費に年間５０００万円かかる。しかし収入は入場料と貸ホールの利用料を合せて１０００万円ほどで、４０００万円の赤字になる。残りは県から補助をいただいている。そのため県の方針にいつまでも逆らうことはできなかった。県のやり方は信用できない。現在の美術館のままが良いのは本来当然のこと。今は美術館移転に反対」と語っているが、佐竹知事は平野館長の痛んだ心に塩を擦《す》り込むごとく、県美の文化的価値について「秋田魁新報」に、

「私の文化的価値基準は100年以上の建物。それより短いものは好みの問題」

と語った。

「毎日新聞」は、

「東北のある県立美術館職員は、『秋田の管理運営費は東北で一番低い』と指摘。企画運営や広報などに使える事業費は年間1000万円にとどまる。平野誠名誉館長は『企画展どころか、広報活動すらまともにできなかった』と言う。県教委によると、移転後の事業費は県主催の特別展経費を除くと500万円の見込み。2000メートルしか離れていないアトリオンに秋田市立千秋美術館がある。市は毎年3000万円前後の事業費を計上。県内のある美術関係者はこう指摘した。『内容や機能があいまいなまま、移転の是非や設計、にぎわいなど外側の部分だけが議論されている。美術館の良しあしを決めるのは中身なのに』」

と報じた。

美術館を活かす会で〈街並み展〉開催

平成二四年三月「秋田魁新報」が、

「新県美の取得に伴う県の負担金総額が、９億９００万円に決まった。事業主体の組合が開いた臨時総会で承認」

と報じた。

新県美が建つ仲小路の地価は下がり続け、二四年には平方メートル当たり九万三五〇〇円となっていたから、県有地一・二ヘクタールは約一一億二二〇〇万円となり、これに県の持ち出し九億九〇〇〇万円を合わせた約二〇億円が新県美の事業費となったのだろう。

県は平野美理事会に何度も、

「県有地一・二ヘクタールが等価交換できるので、県費の持ち出しはゼロになる」

と、新県美移転の圧力をかけ続けていたが、結局はゼロにはならず、事業費の半分近くを県が持ち出さねばならなくなっていたことになるだろう。

〈秋田の行事〉は、フジタが平野にアドバイスし共に造ってきた旧県美から、わずか四六年後の平成二五年秋、再開発の目玉にされて新県美に移されることになった。

二五年の旧県美は八月末まで展示フロアが予約満杯で、空いていたのはわずか六月四日〜六日の三日間であった。

そこでその三日間に、〔県立美術館がある「秋田の四季と街並み」展〕を開くことにした。建物を文化施設として残してほしいという願いを込めて、有志一同で〔県立美術館を活かす会〕をつくり、四月初めから五月中旬まで作品を募集した。

写真、絵画、書道、パネル、グラフィックデザイン、墨絵、パッチワークなど一三六点の協力申込があり、三日間だけであったが〔街並み展〕を開くことができた。

そして九月、旧県美の空調は止められた。

さて旧県美は、その後どうなったであろう。

「週刊アキタ」は二六年、

「旧県立美術館の耐震性と老朽度調査が始まる。旧美術館の調査期間は9月上旬から同月末までのおよそ1ヶ月間。旧美術館の設計会社（東京都）に約790万円で調査を委託する」

と報じた。

県は当初から旧県美の設計会社に声をかけ、耐震診断の費用や要する期間を聞いていたのだろう。

だから県は県会で県美の建設に関わった会社名を質問されても、担当者は答えなかった。

そして診断経費について、敢えて専門家の数字ではなく、「過去に行った別の事例から」として、担当者が試算して見せたのだろう。

耐震診断はおよそ一か月間でできるものを、「五か月程度かかる」、一〇〇〇万円弱でできるものを、「数千万円かかるので、年度内の予算措置は困難」と理事会や「秋田魁新報」などに答えていたことになる。

「美術館の建物を、これからどうするのですか」

県に聞くと、

「市に相談しています」

市は、

「買うのか、借りるのかはっきりしないので、検討のしようがありません」

と答えた。

しかし実際は県美の移転が決定した後、県が市に利活用の検討を依頼し、市は旧県美の無償譲渡を前提に県に建物や施設の改修《かいしゅう》費を要望、旧県美は令和元年から三年にかけて改修され、秋田市文化創造館としてオープンした。

鑑賞《かんしょう》の仕方を提案していた旧県美

昭和四二年に開館した旧県美で〈秋田の行事〉は、展示されている二階だけでなく三階正面から、さらに三階の左右のスロープを歩きながらも見ることができた。

また平野が昭和一三年に着工したが完成できなかった〔幻の美術館〕の設計図が、平成二五年に見つかった。

平野美の学芸員は〔幻の美術館〕について、

「広い部屋からは全体を眺め、横長の部屋では、絵巻物《えまきもの》を近くから見るように部分を鑑賞して歩く。来場者に2通りの鑑賞を促すフジタの意図が感じられる」

と「秋田魁新報」に語った。

東京上野の国立西洋美術館は、ル・コルビュジエの設計により、上りながら鑑賞するスロープを日本で初めて取り入れて、平成二八年に世界文化遺産に登録された。

平野とフジタは、昭和一三年の〔幻の美術館〕で、さらに昭和四二年開館の旧県美で、来場者に何通りかの鑑賞の仕方を提案していた。

その平野とフジタが造った価値ある旧県美を、二人の物語のある美術館を、佐竹知事は、「私の文化的価値基準は100年以上の建物。それより短いものは好みの問題」と断定し、解体も考えた末お払い箱にした。

平成二六年一二月県会で旧県美の老朽度調査の結果が明らかになり、旧県美をそのまま使う場合の改修費は六億八七〇〇万円と報告されたが、知事は価値ある旧県美を使い続けることを選ばず、九億九〇〇〇万円持ち出して新県美を建てた。

初めて本会議で質問

私は、脳梗塞でリハビリ中の夫に代わり、平成二三年県議に初当選した。

新米議員は、「この委員会に入りたい」と希望できるものではないが、たまたま県美を所管する教育公安委員会（以後、教育公安委）所属となった。

初めて委員会室に入った時、先に来ていた自民党の古株が大声で言った。

「丸の内さん。県議で美術館を残したいと思っている人は、一人もいないんだからなぁ」

その委員会で私は質問した。

「旧県美の建物を、今後どうするのですか」

担当者は、

「活用方法について、県と市がアイデアを出し合い検討します」

と答えた。

「旧県美がこれほど問題になったのは、県が美術館を残すのか、壊すのかについて一度も県民の声を聞かなかったからです。今後県民の声をどのように聞いていくのですか」

「本年度を目途に、しかるべき方向で県民の声を聞くようにしてまいりたい」

「年度と言えば三月末までになります。それでは遅すぎると思います。年内にと要望をさせていただきたい」

とさらに尋ねると、

「年内に県民の皆様の声を聞く方法を取ってまいりたい」

と答え、そのニュースが流れると、巷では、

「これから県民の声を聞いていくというのならば、まだ使えるということではないか」

「新県美を建てる必要はなかったということではないか」

と声が上がった。

旧県美は耐震性に問題があると県は言ったが、その年の東日本大震災で、旧県美から被害の報告は一切上がらなかった。

県内の建築士も、

「美術館は建物自体開口部が少なく、四方を壁で囲っており、耐震性は比較的高いはず」

と言っていた。

同年九月に私は初めて本会議で質問することになり、文化庁を訪ね、新県美について聞いた。対応したのはA主任調査官だった。

持参した資料は当選後すぐ渡された図面で、新県美の一階の屋上部分に〔水庭《みずにわ》〕の文字だけがまだ入っていなかった。

「案では、ここを〔水庭〕にすることになっています」

と説明した。

すると調査官はすぐ、

「秋田県は初めから指定文化財を展示できる美術館にしたいと話していたが、一階屋上に〔水庭〕を設けるとの説明は聞いていないし、容認もしていない。一階屋上に〔水庭〕を造っても、ひび割れの性質上、二階、三階から水が染み出すこともあり得ます」

と語り出した。

「毛細管現象のようにですか」

「そうです。〔水庭〕があるならば、いくら二重天井でも、指定文化財の価値を減じてしまう心配があるので、展示は許されないと思います。一番怖いのはガラスです。立ち上がった波が、ガラスを壊してきた例があります。津波でもガラスがやられました」

との説明があった。

九月の本議会で、新県美について二つのことを聞いた。

一つ目として、

「国の重要文化財候補に挙がるほどのフジタの作品を、未だ県文化財に指定しない理由は何ですか」

と質問すると、これに対し、

「全国的な評価を得ているものを、古い順から指定しています。平成17年度からは明治・大正期に活躍した作家の代表作も対象としており、最も新しいものは昭和8年の作品です」

との答弁があった。

知事はフジタ作品の価値を、新県美を建てる理由として以前、

「ピカソやモディリアーニらと並び世界的に高く評価されている。将来の指定を視野に、良好な環境のもとで保存していかなければならない」

と語っていたが、実際は庁内手続きの順番を国際的評価よりも重要視していた。

二つ目は水庭について質問した。

「新県美の一階屋上は深さ15センチメートルの水庭で、二階ラウンジ前面のガラス壁面が、その水庭に面する設計となっています。コンクリートはひび割れが生じやすく、館内に水を溜めおく構造では、完全な防水措置をしていることにならないのではないですか」

「水庭は一階の外屋根に設けており、その水面は二階フロア以下になるように、設計していま

す。仮に水が展示室の床に広がり、壁面上を伝わったとしても、〈秋田の行事〉は壁面に設置した展示用の枠に掲げて展示しますので、直接水に触れることはあり得ないと考えております」

「文化庁のA主任調査官を訪ねたところ、調査官は水庭の話を聞いていない、容認《ようにん》もしていないと言われました。いつ誰に話し、どのように容認していただいたのですか」

「二一年に生涯学習課の担当職員が出向いて説明し、電話でも確認しました。いろいろな水の状況があるが、リスクになり得るかもしれないが、それだけで指定文化財等の公開ができないとは言えないと伺っています」

「二一年に会われたのはどなたですか」

「A調査官です」

「同じ調査官が今年、先ほどの話をしています。今後どのように対応していくのですか」

「壁画は2階のギャラリーに展示し、壁面から離れるよう枠に設置しています。ひび割れが生じ3階、あるいは下から毛管現象で上がるにしても、直接絵に触れることはありません」

との答えだった。

そして翌日、県担当者はA調査官と会い、調査官の発言を確認したようだ。

その記録によれば調査官は、

「一般的にコンクリートの性質上、雨漏りする可能性があることを話した。水庭については施設のリスクとして認識し、しかるべき対応をすればいい。コンクリートについてひび割れの性質上、どこから水が出るかわからないと言ったが、2階、3階から水が染み出すとは言っていない」

と語ったとある。

しかし私が文化庁を訪ねた時、A調査官はコンクリートのひび割れについて、「2階、3階から水が染み出すこともあり得ます」と言い、「毛細管現象のようにですか」と聞くと、「そうです」と頷いたそのやり取りまでは、さすがに話に出せなかったのだろう。

「立ち上がった波がガラスを壊してきた例については、予想される様々な話をした。

秋田県からの図面を確認したところ水庭と書いてあった。水庭のことは承知しているし、その計画で進めることに何ら問題はないと言えば良かった。丸の内議員の訪問の主たる要件は、フジタ作品の重文指定と聞いていた。水のことを聞くと予《あらかじ》めわかっていれば準備していた。水庭について大きな問題になるとは感じていなかったため失念していた。

当日議員と話をしたテーブル上に水庭と記載のない図面はあったが、それは丸の内議員が持ち込んだものと認識している」

しかし二六年以降、新県美は、大雨による浸水被害に度々見舞われた。

一旦ここで、〔県民の声募集〕に話を戻そう。

旧県美の活用方法について募集した県民の声には、四七名の個人と団体から意見が寄せられた。

約八割が秋田市民で、約六割が教育・文化施設を望んでおり、その中に、

「平野政吉記念館として、セミナー・発表会等ができるように」

との声があった。

県の高圧的な進め方に接し、フジタと平野が共に造ってきた美術館名を、せめて何らかの形で残したいと願った人が、提案したのではなかっただろうか。

新県美に、度々浸水被害が

平成二四年の本会議で私は、新県美について総体的に三〇項目の質問をした。

新県美についてはネットで聞ける本会議以外に、委員会で様々なやり取りがあったが、それらすべてが必ずしも県民に伝わりやすい状態になってはいなかった。

質問を始めてすぐ、自民党の議員席から、

「委員会で、聞け」

とヤジが飛んだ。

もちろん委員会で聞ける質問だが、敢えて本会議で体系的に聞き、新県美についてこれまでどんなことが話し合われたのかについて、ネットを通して広く県民に知らせたかった。

水庭についても聞いた。

「水庭は東日本大震災級の地震等想定外の地震があっても、水漏《みずも》れにつながるひび割れは絶対にないと言い切れるのでしょうか。水庭の排水機能《きのう》は、一時間約100ミリメートルの雨量の場合でも、問題は生じないのでしょうか」

「想定外の地震による水庭のひび割れについては、絶対生じないとは言い切れませんが、万が一の水漏れに対応できるよう、受け皿を施《ほどこ》しております。豪雨により排水処理能力を超《こ》えたとしても、あふれた水が広小路側の植え込みに流れ落ちるような傾斜構造となっております」

この質問を議会運営委員会の委員長が問題と捉え、すぐ議会運営委にかけられたが、

「県民に開かれた一般質問の場で、県に総体的に答えてもらうことに意義がある」

と言い通した。

「県民の一番知りたいことをただしてくれた。この視点で頑張って」

面識のない郡部の県民からも、手紙が届いた。

水庭の浸水被害は〔秋田の行事〕を新県美に移した翌年の二六年、大量の雨水が新県美の排

水溝からあふれて館内に流れ込み、その後も被害が続いた。

令和二年、「秋田魁新報」は、

「浸水被害は平成25年の開館以降、26年8月、27年8月と令和2年9月の計3回。令和2年は1時間で29㎜の雨が降った。大雨の雨水が建物周辺の排水溝《こう》からあふれ、入口の自動ドア隙間《すきま》から施設の地下部分まで流れ込み、床の一部が水浸《みずびた》しとなった」

と報じた。

美術品を扱う美術館は、どこでも湿気に最も神経を使う。

今後新県美が、他の施設から作品を借りたいと願った時に、影響《えいきょう》が出てこないのだろうか。

新県美での〈秋田の行事〉

平成二三年県議になりたての時、教育公安委室で、「美術館を残したいと思っている県議は、一人もいないんだからなぁ」と大声で怒鳴《どな》った自民党の古株は、二九年も同じ教育公安委にいて、六月二三日新県美の〈秋田の行事〉について発言している。

「例えば〈秋田の行事〉だって、顔を上げなければ見えないという感じでしょう。2階（3階の間違いではないか）著者注 へ行くと確かに目が下がった形で見えますが、やはり前の平野美術館のほうが、あのぐらいの大きさのスペースがあって、ゆったりしたような感じで見られるので、私からすれば完全に失敗だと思います」

〔秋田の行事〕が旧県美よりも、見にくい状態で展示されていると言いたかったのではないだろうか。

事実、新県美の職員に聞くと、

「以前よりも高い位置に、展示されています」

と答えた。

旧県美オープン前年の昭和四一年、平野はフジタに美術館建設を報告するためフランスへ出向いた。その時フジタから「県立美術館は自然光を採り入れ、大壁画は円弧《えんこ》を描くように展示する構造」など展示の仕方についてアドバイスされていると、平野美の学芸員が語ったコメントを前述した。

フジタは〔秋田の行事〕を、高さも含めて自分の望むように展示されることを、何よりも願って平野にアドバイスした。

そしてその二年後の昭和四三年にフジタは亡くなったから、平野へのアドバイスはフジタの遺言となった。

県は昭和四一年のフジタと平野のやり取りを何度も聞いていたのに、フジタの遺言は反故《ほご》にされた。

一七年の調査で文化会館は「三〇年もつ」

平成一三年の市長選当選直後、佐竹市長は再開発事業について、「市文化会館や県民会館の耐用年数、機能との整合性をどう取っていくかが問われる」と「秋田魁新報」に語ったと前にも述べた。

文化会館は再開発エリアから二キロメートル以上も離れているのに市長はなぜ「再開発事業との整合性」と語り、市長に当選したばかりなのになぜ「県民会館の機能との整合性」と語ったのだろうとも前に述べた。

この記事から、市長は再開発で文化会館を足掛かりに、県民会館を建て替えようとしていたことが見えてくる。

しかし、文化会館は市民の財産であり、佐竹市長のモノではない。

何よりも市長の第一の仕事は市民の財産を守ることで、県民会館を建替えることではないし、文化会館はまだまだ使えた。

「行政改革の一環として、公共施設の総量を最適化する」

と佐竹氏は何度も言った。

県議も市議も行政改革と言われると弱いようだが、県・市は別自治体である。

平成七年から全国で進められてきた地方分権改革は、市が県の方針で動くのではなく、市民の声を受けて、市民と協働して市政を組み立てていくことであった。

しかも、後《あと》で詳しく述べるが、文化会館をそのまま維持するのに四〇億円で済んだのに、県市連携文化施設（以後、新施設）を建てるために、市は五二億円負担しなければならなくなった。

どうしてこのような流れになったのか、市会の記録を詳しく調べ直し、重要な事実がわかった。

二三年九月二二日、教育産業委員会（以後、教産委）で、

「文化会館は耐用年数や耐震の関係、また設備の老朽化により限界が近いと聞いていた。今後数十年使用していく方向のようだが、基本的な考え方はどうか」

との質問に担当者は、

「文化会館の耐用年数は、平成17年度の耐震調査により、今後概《おおむ》ね30年程度もつとの報告を受けています」

と答えた。

「当時あれだけ使えないと説明してきたのだから、方針を変えたのであれば、議会に報告すべきと思うがどうか」

と委員は食い下がったが、一七年の耐震調査がなぜすぐ公表されなかったのかについては、問題にされなかった。

しかしその耐震調査が公表されなかった理由が、だんだん見えてきた。

まず二〇年、佐竹市長は〈中心市街地活性化基本計画（以後、中活計画）〉をつくり、その中に、

「〈中心街の外にある教育文化施設〉は、建て替え時に中心街へ整備する」

の一文を入れた。

ここで〈中心街の外にある教育文化施設〉とは、文化会館のみを指すと言われた。

ちなみに市の中心街とは、秋田駅から出ている〈広小路《ひろこうじ》〉〈中央通《ちゅうおうどおり》〉の二本の通りと、駅の西約一キロメートルを流れる旭川に囲まれたエリアを指すようだ。

市役所も文化会館も中心街に入っていない。

一七年の耐震調査を公表していたら、二〇年の〈中活計画〉は、

「三〇年もつと言われている文化会館を、中心街に建て替えるのはおかしいではないか」

と言われていただろう。

さらに佐竹市長は同年一二月九日市会で、

「山王通《さんのうどおり》は非常に冬は寒い。駅からも遠い。文化会館は大変老朽化しており抜本的なり

ニューアルが近い将来迫られています」

と文化会館の老朽化発言をした。

これも、一七年の調査が公表されていたら、

「三〇年はもつと言われているのに老朽化とは、おかしいではないか」

と言われていただろう。

ここに、調査をすぐ公表しなかった理由が、あるのではないだろうか。

文化会館と市役所は同じ山王通に面し、約三〇〇メートルしか離れていなかった。

当然ながら、市役所に来る市民の方が圧倒的に多い。

市議は市長の老朽化発言に、

「山王通は冬寒い、駅から遠いのであれば、市役所も同じではないか」「文化会館はまだ築二八年、なぜ老朽化し、リニューアルが必要と言うのか」

などと質問したのだろうか。

この老朽化発言を取り上げたのは「毎日新聞」一社で、

「市長は『文化会館は老朽化している』と理解を求めた」

と報じたが、以後「文化会館老朽化」は市民意識の中に旧知の事実のように広がっていったのではないだろうか。

市は当時新庁舎の整備を敷地内のすぐ南隣《どなり》に進めていて、担当者は市役所の場所を、「市内のどこからでも容易にアクセスでき、市民にとって利便性が高い」と「秋田魁新報」にコメントしていた。

新庁舎に移ってさえそれほど離れていない市役所と文化会館を、佐竹氏は「冬寒い。駅から遠い」と言い、市の担当者は「どこからでもアクセスでき、利便性が高い」と説明していたことになる。

この矛盾する説明には、明らかに意図があったのではないだろうか。

即ち佐竹市長は当選直後から文化会館の老朽化を市民に意識付けし、市民の財産でありまだ使える文化会館を改修せずに中心街で建て替えるレールを敷き、その時国から出る補助金で、文化会館と合わせて県民会館を建て替える準備をしていたことになるのではないだろうか。

期せずしてその検討過程が、最近明らかになった。

令和二年三月一六日、県会の総括審査で県観光文化スポーツ部長が、県民会館の建て替えを含んだ〔新施設〕について答えた。

「この事業が検討された当時に遡って考えてみると、100パーセント補助対象とする仕組みがない中にあって、それでも様々な工夫によって補助金を引き出す方策として種々検討を重ねた結果、〔中活計画〕に位置づけた場合に、一定程度は対象になり得ることを確認しました」

しかし事業が検討された当時〈中活計画〉は市の事業であって、県の課題ではなかった。佐竹市長は旧知の県庁職員と文化会館建て替えの方策を探っていたことになるだろう。

しかも佐竹市長は〝文化会館を今後どうするのか〟について、敢えて市民にも、市会にも丁寧に説明しなかった様子が徐々に見えて来た。

そして佐竹氏は二一年知事になり、同年市長になった穂積氏と四年後の二五年、〈新施設〉建設を共同公約に再当選した。

〈中活計画〉の目的は本来、市役所等を中心としたまちづくり

〈中活計画〉はもともと市街地を元気にしようとするもので、市役所などを中心街に移し、市民の経済・文化活動が総合的に活性化されることを目指していた。

秋田市ではちょうど市役所の老朽化が進み、平成二〇年に建て替えが予定されていたが、財政難で着工予定が二四年に変えられた。

しかし、

「市役所はどこにあれば、便利？」

「どんなサービスを、してほしい？」

など、市民の声を聞く動きは一切なかった。

そこで私は二〇年、中心街の商店街振興組合やまちづくりNPOなど一〇団体に声をかけ、〔市役所の建て替えについて語らう会〕を作り、土崎、新屋《あらや》、旭川など市内八地域で意見交換会を開き、集まった意見約一〇〇件を担当課に届けた。

意見には、

「市役所は市民のための施設だから、市民の声を聞いてほしい」

「建て替えるのならば、駅に近くてどこからでも行きやすい、日赤跡地に建ててほしい」

など、駅から約六〇〇メートルの日赤跡地を望む声が多かった。

日赤が中心街にあった頃の来院者は一日約二〇〇〇人と聞いていた。

一九年の市役所の来庁者も一日約二〇〇〇人で職員は約三五〇〇人いたから、中心街に市役所があれば、再開発で賑わいづくりのイベントにお金をかけなくとも、常に人の流れができていただろう。

しかし佐竹氏は当時マスコミの質問、

「県職員からの提案に、日赤跡地に市役所の移転があったが」

に対し、

「市役所の移転は、財政的・技術的に無理だ」

と答えた。

果たして財政的・技術的に無理だったのは、どちらだっただろうか。

令和二年二月二七日、県会の産業観光委員会（以後、産業観光委）で担当者が〔新施設〕について、

「国からの補助対象が全体の60％と計算しました。しかし国の審査では中心市街地の住民が使うことが前提の補助金ですので（国の担当者は）《著者注》設計書を見ながら、『中心市街地の人が使う部分はこの部分だけですね』などと、利用実績から細かいチェックが入り、結果的に33％まで減額になりました」

と答えている。

なかいち模様

再開発の商業モール〔なかいち〕は、平成二四年にオープンしたが、一年半後、一階フロアのかなりの部分を借りていた店舗が契約を解除した。

「週刊アキタ」がこの間の経緯を報じている。

「契約解除した店舗によると、買い物客の減少と客単価の低さが深刻だった。客単価は同社が他地域で運営する店舗の半分、場合によっては3分の1程度。『オープン時からこの数字に変化はない。年末年始や盆の時期でも活気が感じられず、これも、見込みと大きく異なった』と

語った」

二六年六月〔なかいち〕の商業棟を管理運営する〔まち㈱〕の社長交代が、明らかになった。「週刊アキタ」は、

「役員会でまち㈱の社長を含め、9人いる役員のうち7人の中途退任が決まったという。残留する2人の役員は金融機関と市のOB。引責辞任を迫ったのは秋田市の副市長。人事への介入はさすがに支援の枠を超えている。

まち㈱は完全に手詰まり状態だったわけではなく、それなりに目算があったようだが、市がテナント誘致を進めていた節もある。役員の大半が退任するとなれば、通常は株主総会を開く。それ以前になぜ一民間企業が、市の要求に屈しなければならないのか。株主の承認を得られれば問題ないというのが、市の言い分らしい。しかし役員会では『説明責任がある』として、『株主総会を開くべき』という意見が大勢を占めた。市は早期に役員を入れ替えたいと見え、期限を設けて全株主の承認を得るよう求めてきたようだ。定例市議会を念頭に置いてのことだろうか。

役員の多くは本業があり、市と対立するのは得策ではないと判断、要求に応じたとしても不思議ではない。社長と役員が退任に応じない場合、市はにぎわい交流館と駐車場の指定管理者からまち㈱を外す可能性を、仄《ほの》めかしたようだ。まち㈱の新社長として、市OBの名前が挙

がっている。この一連の動きは、穂積市長よりも佐竹知事の意向に沿ったものではないかと見ている」

と報じた。

その後の市会の様子も「週刊アキタ」に掲載された。

「実際に社長の辞任などをまち㈱に求めたとされる副市長は、市会で進んで答弁しようとはせず、矢面に立たされたのは担当部長たち。『…と聞いている』『…と認識している』などといった説明に終始した」

隣接の商店街組合の理事長は、

「〈なかいち〉開業当時、売上は少し増えたが、翌年は前に戻った。〝また来たい〟と思う人は多くなかったのでは」

と語る。

市は〈なかいち〉イベントへ二四年に約二九〇〇万円、その後も毎年注ぎ続け、二九年までの六年間だけでも、合計約二億五五〇〇万円投入し続けてきた。

「週刊アキタ」はさらに、

「市議会よりも県議会のほうがはるかに危機感をもって再開発事業を見ていたように感じる。

平成22年2月の県議会はエリアなかいちの問題で会期を延長。建設交通委が学識経験者を参考人として招き、意見を聞いている。多くの市民が抱いていた危惧は、施設オープンからわずか2年で現実のものになったと言えるだろう。

しかしより身近な問題であるにもかかわらず、市議会のこの事業に対する認識は県議会より甘かったのではないか。

市議がエリアなかいちの成果を質したのに対し、通行量の増加などを挙げて市は『一定の効果があった』との自己評価を示しているが、それで当初の事業目的を達成したと言えるのかどうか」

と報じた。

部長が市会で偽って答弁

前述どおり平成二五年、佐竹・穂積両氏は「新施設の整備」を共同公約に再当選した。

同年六月一九日、市会総務委員会（以後、総務委）で企画財政部長はなんと、

「文化会館については、平成一七年に耐震診断をしまして、耐震性に問題があると、これは耐震改修をしなければならないという結果が出ております」

と偽って答弁した。

文化会館については何度も述べたように、二三年市会の教産委で「一七年の耐震調査で概ね

三〇年程度もつ」と報告されていた。

これに対し市議は反論したのだろうか。

同年、県は「文化施設が果たす役割について」県民の意識調査をした。

「非常に大切」

「ある程度大切」

と答えた人は、秋田市も全県も八割を超えた。

しかし秋田市は市民に対して、「大切か」に続けて「文化会館を解体してもよいか」を、聞かなければならなかったであろう。

しかし調査では、文化会館を解体する計画について一切触れなかったから、市民の多くは解体計画が進んでいることを全く知らなかった。

秋田市以外の市町村は、それぞれの文化会館を今後も使っていけるから、秋田市と秋田市以外では全く背景が異なる。

社会学者の谷岡一郎《たにおかいちろう》氏は、『「社会調査」のウソ　リサーチ・リテラシーのすすめ』（文春新書）で、「ずさんな社会調査が起こることが多い例の一つとして、比較できないサンプルを使う」を挙げている。

「比較できないサンプルを使う」とは、「背景が大きく異なっている。比較しても意味のないものを比較している」と述べている。

文化会館を解体しようとしている秋田市と、今後も使っていける秋田市以外では背景が全く異なるから、調査の結果を比較も合算もできないのに、県は秋田市と他の市町村の数値を合算し、「県民の八割が、文化施設は非常に大切・ある程度大切と答えている」と言い続けている。

平成二五年一二月一七日、市会総務委で担当者は〈新施設〉の整備構想《こうそう》（素案）を説明した後、

「構想案を策定する段階では、建てるというものについての全体スケジュールは検討の対象とはしておりません」

と話した。

資料は説明されたが、建てるかどうかわからないと聞こえたのではないだろうか。

ここに、〈新施設〉について当時の市会の審議状況がわかる二九年の県会質問がある。

二七年に市議から県議に変わった秋田市の議員が二九年五月一一日に産業観光委で質問している。

「知事と市長の公約当時（二五年）《著者注》私は市議会で所管の委員会にいましたが、文化会館をどうするかということについては、まだ全然テーブルに載っていない、未定だという前提でスタートしたと認識しているのです。

私は、市の立場と、県から頂いている資料では、違っていたのではないかと思うのです」

この質問に、県担当者は、

「県民会館と文化会館を一つにして、いいサービスを低いコストで提供しようということで知事と市長が合意したものだと認識しております。県民会館はこの新しい施設に移りますが、秋田市の文化会館につきましてもこの施設の中に集約されるというイメージで取り組んできたと考えます。残った市の文化会館をどうするかという方針が秋田市になかったのかもしれません」

と答えている。

文化会館について、市議であった県議と県担当者の理解に、明らかに開きがある。

県議はさらに続けた。

「市の文化会館を機能としてどうするかということについては判断していなかったのです。再編整備ということではなかったのです。今（二九年）《著者注》でも文化会館などを利用している皆さんの残してほしいという声はまだあるわけです」

補助金で文化会館を建て替えた場合、旧文化会館は解体しなければならないのに、市はそのことを市民にも、市会にも伝えなかった。

だから市議であった県議は、「文化会館を機能としてどうするかということについては判断していなかったのです」と言ったのだろう。

旧文化会館は解体しなければならないことを一番知っていた県担当者が、「残った市の文化会館をどうするかという方針が秋田市になかったのかもしれません」と答えていたことからも、知事と市長が市民、市会に文化会館解体をはっきり言わないで進めるという合意をしていたことがわかるのではないだろうか。

市はそればかりでなく「文化会館を今後民間で使うかもしれない」とさえ、はぐらかして答えていた。

駅近くに同種の施設が造られようとしているのに、維持するだけでも経費が掛かる文化会館を敢えて民間が手に入れようとするだろうか。

二五年県と市はさらに〈新施設〉について、パブリックコメント、通称パブコメを募集した。パブコメとは公が意見などを広く募集することで、八七件の意見が寄せられ公表されたが、六件は「反映困難」と記され、一四件は意見内容の文字化さえされていなかった。

議会で〔新施設〕がまだ承認されていないのに、県や市は市民意見の四分の一近くを没にし、パブコメ終了と同時に市民の声を聞いたことにしていた。

私は県会で、パブコメについて知事に聞いた。

「意見交換会《こうかんかい》だけでなく、パブコメに寄せられた意見も参考にしたのですか」

「寄せられた意見に、県・市の考え方を一覧にして出しています」

「パブコメの意見を参考にするか、しないかを、誰が決めるのですか」

「それぞれです」

と知事は答えた。

意見を参考にするか、しないかの基準は、はっきり定められていなかった。

「知事や市長の気に入った意見のみが、参考にされた」と言われても否定できなかったのではないだろうか。

多くの市民が喜んで使っている文化会館を解体しようとする計画なのに、穂積市長は市民意見交換会を地域ごとにも、利用目的ごとにも、市単独では一度も開かず、県・市が共同で〔県央・秋田市〕という括りで、一度開いただけであった。

戦後まもない昭和二六年、私の父は民間から秋田市役所に入り、初代広報室長になった。

就任まもなく課長会議で、市民の意見を聞く〔歩く市役所〕を提案したと『一つの灯』〔丸ノ内久、ヒューマン・クラブ〕に書いている。

「他の課長連中は、『市民は必要に応じて陳情にやってくる』『毎月二回の広報紙を毎戸に配布しているのだから、その必要はない』と予想以上に強く抵抗した。

父は、『市長は市民の意見を積極的に聞く義務があり、市政を理解させ、なじませるためにも必要です』と声を上げ、賛成者が一人もいない中で、父はさらに、『助役さん、どうでしょう?』と言って、のちに知事になった、当時助役の小畑勇二郎氏に意見を求めた。『それは、丸野内君の言うとおりです』そう助役は答え、翌月から全市一四箇所で、市長と多数の課長が出席して〔歩く市役所〕が始まった」

戦前の役所気質が相当残っている中で、新聞記者出身の武塙祐吉《たけはなゆうきち》市長だからこそ、スタートできた逸話だ。

〔歩く市役所〕は少なくとも、一〇年近くは続いていたようだ。

文化会館の利用率は平日を含めて大ホールは約六割、小ホールは約五割で土日には空きがなく、県民会館を使える時でさえ一年先まで予約は一杯であった。

市民は使い勝手が良く緞帳《どんちょう》が上がるグレードの高い文化会館の大・小ホールを、喜んで使っていた。

他都市では、新しく施設を造る時は現在地に固執せず他の場所に建て、完成後市民が新しい施設を使い始めたのを見はからって古い施設を解体している。

しかし佐竹知事は、県民会館を現在地で建て替えたいと、固執《こしつ》しているように見えた。

吹奏楽関係の利用が特に盛んな県民会館を現在地で建て替えれば、工事は三〜四年かかるから、吹奏楽部等に属する中高生は在学中、県民会館を利用できなくなると悲鳴が上がっていた。

さらに、県は秋田市内にアトリオンや県児童会館などのホールを持っているが、市は文化会館を解体すれば独自のホールがなくなる。

決定権のない検討委に言わせて

平成二六年、秋田市の県議が知事に聞いた。

「〔新施設〕の〔整備構想（案）〕は、議会で『いい』となれば案が取れるのですか」

「そうです」

県は県芸術文化協会（以後、芸文協）や商工会議所など特定団体のメンバーで、基本計画検《けん》討《とう》委員会（以後、検討委）をつくり、決定権はないのに知事が議論を進めたい時、まず検討委に言わせて進めてきた。

〔新施設整備の検討一覧〕を見ると、二六年県会で〔基本計画（素案）〕が話し合われたが、県会で、「いい」となってはいなかったのに、その後検討委が終了した時点で、〔基本計画（素案）〕の（素）が取れて〔計画案〕となっていた。

検討委は決定権を持っていないのに、どういう権限で（素案）を（案）にできたのだろうか。

さらに二七年三月九日秋田市の県議の質問に知事は、

「各市町村では、ソフト（ソフト事業）、ソフトと言っています。しかし、ソフトぐらいむだな金はないのです。意外と何にも残らないのがソフトです」

と答えている。

「ハード（ハコモノ等《著者注》）以外に使うくらい、むだな金はない。意外と何にも残らない」と、知事は言いたかったのではないだろうか。

知事は、

「意見交換会をどのように行うのですか」

との質問に、

「検討委の中には音楽や舞台関係者、そして芸文協の会長も入っています。検討委に入っていない県民会館や文化会館を使っている団体と、丁寧に意見を交換していきたい」

と答えた。

しかし検討委に入っている団体と、入っていない団体は明確に区別され、県民会館や文化会館を使っているが検討委に入っていない団体には、一切働きかけはなく、意見交換会の知らせも届かなかった。

同年知事は〔新施設〕について、羽後町の県議の質問に、

「大規模な集客施設については、それぞれの機能にふさわしい立地条件があります」

と答え、それまで明言を避けていた〔新施設〕の建設地について、

「春から実施した県民や関係団体との意見交換会の結果、（県民会館の著者注）現在地が、ふさわしいと判断しました」

と答えた。

二七年春以降、県民との意見交換会は県北、県央・秋田市、県南の一回ずつで、「週刊アキタ」の記者が取った意見交換会記録によると、建設地について県北の声は、

「立地場所はこれから県と秋田市の協議で決めるのですか」

「市街地に建設することについて、反対意見はあるのですか」

の二件のみ。

県央・秋田市では、県・市担当者が、場所に関する市民の質問に、

「場所は決まっていない」

を何度も繰り返して、市民にそれ以上具体的な意見を言わせなかった。

県南の声は、

「狭い秋田市の市街地に造る必要はない」

の一件のみで、

「現在地がふさわしい」という声は、県民との意見交換会では上がってこなかった。

秋田市民に一切意見を言わせず、「関係団体との意見交換会」の声で、県民会館の現在地が〔新施設〕の建設地と決まったことになるのだろう。


これまで文化会館には大・小の二ホール、県民会館にも大ホールとジョイナスホールの二ホール、合わせて四ホールあったが、〔新施設〕では大ホールと中ホールの二ホールとなり、ホール数が半減する。

二七年十月五日大館市の県議の質問に知事が答えた。

「ステージが減ることになります。マイナスになるというお考えはありませんか」

「秋田市はその種の施設がここ五、六年で倍になっています。逆にステージの質のところをこの文化施設でと考えています。演ずる方にとっては、千秋公園という文化的なエリアの中でやるのが一つのプライドなのです」

確かに佐竹氏は市長時代、市内七箇所に市民サービスセンターを造る計画を建てた。

しかしサービスセンターホールのグレードは、決して高くない。

そして文化会館は演奏会や学校祭、合唱祭などが目白押しで、音楽関係の利用が格段に多かった。

市民は緞帳が上がるグレードの高い文化会館のホールで、年に一度は発表することを楽しみにしていた。

その文化会館が、県民会館建て替え後、解体されようとしていた。

「地域で活動している人は、今後サービスセンターホールで満足せよ」ということなのだろうか。

大館市の県議が、さらに尋ねた。

「現在地に誘導しようとしているようで仕方がないのです」

知事は答えた。

「誘導していることは事実です。行政がある程度の想定を持って考えることが常識です」

羽後町の県議も、知事に尋ねた。

「構想が発表された段階では、〝これは10年、20年先の話だ〟というお話でした。〝自分の任期中にできる話ではない〟と言っていた記憶もあります。しかし、ここに来てにわかに具体化《ぐたいか》してきた。施設の整備について〝これしかない〟などと言って進めると、結果的に反省することになる。例えば、エリアなかいちの例があります。結果的に県立美術館を建てかえた。あれだけ宣伝するのだったら、もとの美術館だとしてもたくさんの要望に応《こた》えられただろうと思います。〝今の所在地に県民会館を建設しなければ、秋田市の都市計画にマイナスになる〟と知事は断言《だんげん》されました。根拠《こんきょ》がどうも分《わ》からないのです」

知事は、

「文化会館は、立地的に非常に評判が良くない」

と答えた。

しかし評判を悪くしたのは、市長時代の佐竹氏自身の「山王通は冬寒い。駅から遠い」という発言で、当時同エリアについて市担当者は「市民にとって利便性が高い」と言っていたことは前述した。

〈文化会館を考える会〉を立ち上げ

平成二七年冬、文化会館で映画会や演奏会、発表会などを定期的に開催している人たちと話し合った。

「文化会館を残して、使っていきたい」

「知事は市民に〝サービスセンターを使え〟と言うが、文化会館はグレードが高く、サービスセンターは代わりにはならない」

などの声が出た。

参加者で〔文化会館を考える会（以後、考える会）〕をつくり、市に意見交換会を開くよう要望《ようぼう》していくことにした。

二七年私は県議に再選されていたが、一市民として動いていくことにした。

〔考える会〕が出した、「市民意見交換会を開いてほしい」との要望書へ市の回答は、

「文化会館は老朽化が進んでおり、市民意見交換会を開く考えはありません」

であった。

二三年に、「一七年の耐震調査で、概ね三〇年程度もつ」と報告されていたから、二七年の時点では〝まだ二〇年間はもつ〟と言われていたことになる。

さらに〔考える会〕は市会に、請願書《せいがんしょ》を出した。

請願とは、議員の紹介があれば市会で審議を求められるもので、市議六名が紹介者となってくれた。

請願への市の回答は、

「七月の（県央・秋田市の）《著者注》意見交換会は、幅広い周知《しゅうち》に努めた」

であった。

しかし県央・秋田市の意見交換会の知らせが〔市広報〕に載ったのはわずか一〇日前で、文化会館内に開催を知らせる貼り紙は一切なく、定期的な利用団体へも開催の知らせは一切届かなかった。

〔考える会〕が出した、「意見交換会の開催を求める請願書」について、二八年三月一〇日市会総務委では、

「建設場所が決まっていないから、県民会館が四年間使えなくなることも決まっていないので、そこは除《のぞ》いて議論してと言われています」

「各種団体を含めて、もう一度みなさんと話し合う場を設けた方がいいのではないかと思います」

「突然、新施設の構想が進められる中で、文化会館も廃止《はいし》と示されていますが、市として、文化会館がまだ使える間は使っていくという検討が必要でした」

などの意見が出された。

この請願書の審議内容を通して、市会の様子が具体的に見えてくる。

市長は「県民会館の建設場所が決まっていないので、そこは除いて議論して」「県民会館が四年間使えなくなることは決まっていないので、そこは除いて議論して」と市会に言った。

市は〔新施設〕建設後に文化会館を解体することを、市民にも市会にも伝えずに進めていたが、市会は市に文化会館と〔新施設〕建設の関係を詳しく質問したのだろうか。

県民会館が四年間使えなくなることと文化会館は本来関係がないはずなのに、初めから県民会館とセットで進められていたことに、市会で疑議をとなえる人はいなかったのだろうか。

市会は、「時期や場所がはっきり示されていない建設計画案は審議できない」と、言わなかったのだろうか。

仮に市長が市民や市会に、県担当者が元市議に答えたように、「県民会館と文化会館を一つにしようと知事と市長が合意し、県民会館は新しい施設に移り、文化会館もその施設の中に集約される」と説明していたら、受け入れるかどうかは別としても、市会の議論はもう少し盛り上がっていたのではないだろうか。

市長は市会の議論が盛り上がらないように、敢えて分かりにくい説明をしていたのではないだろうか。

「各種団体を含めて、もう一度みなさんと話し合う場を設けた方がいいのではないか」と総務委で意見が出たように、市会は文化団体からあまり話を聞いていなかったようだ。

「文化会館が使える間は使うという検討が必要でした」とあるように、市会では「文化会館を使える間は使う」という検討すら十分にしていなかったようだ。

加えて、市会の議決を経ないと文化会館は廃止できないのに市議は、「突然、文化会館を廃止すると示されています」と受け取っているところに、当時の市会の右往左往ぶりが垣間見られる。

前述した元市議が、「市の立場と、県の資料では違っていたのではないか」と違和感を抱いたほど、県と市の進め方は異なっていたのではないだろうか。

県と市が異なった進め方をすることも含めて、知事と市長は合意していたのではないだろうか。

〔考える会〕が市会に出した「意見交換会の開催を求める請願書」は、不採択五名、採択四名で不採択となった。

説明が食い違います

平成二八年春〔考える会〕は一回目の市民意見交換会を開き、約四〇名の参加があった。

「市民に文化会館を壊すか、使っていくのかを、まず聞かなければいけなかった」

「文化会館が壊されることを、知らない市民が多い」

「市は特定の文化団体の意見しか聞いていない」

など多くの声が上がった。

同年県会で知事に聞いた。

「これまで〝文化会館の設備更新や耐震補強に約五〇億円かかる。同じかけるならば施設を新設した方がいい〟との説明でした。しかし昨年県会の産業観光委で文化会館を調査した際、会館側の説明は、〝中二階から五階までの耐震補強に一億円かかる。ホールは耐震ＯＫだったが、釣《つ》り天井《てんじょう》の基準が変わった〟でした。説明が食い違います。文化会館の耐震補強に五〇億円はかからないということです」

知事は、

「耐震補強そのものは、そうかからないが、かなり老朽化しています」

と答えたが、納得できなかったのでさらに意見を述べた。

「いいえ、文化会館はまだ築三五年です。建て替えの必要がないのに、新施設を造るため、丁寧な説明がないまま解体されようとしています」

文化施設を造るために、文化財を壊すのか

平成二八年秋、県会の本会議で知事に聞いた。

「県民会館の現在地は江戸時代、佐竹藩家老渋江内膳《かろうしぶえないぜん》の館跡《やかたあと》です。文化施設を造るために文化財の土手を壊し、保存樹を伐採するのですか」

「土手と保存樹は大事な歴史遺産であり、保存を前提に考えております」

「土手と保存樹は一箇所も壊すことなく、保存すると理解してよろしいですか」

「未定です」

「壊すこともあるということですか」

「残す方向ですが、根が入り込む場合もあります」

「文化財は昔のまま残すことが重要です。一部でも壊すことになれば歴史的価値を減じてしまいます。県市連携することで国のモデルとなるよりも、文化会館を使い続けたいという市民の声を重く受け留め、県民会館は県独自で建て替えるべきではないですか」

「県の芸文協等から早期着工を要望されている中で、最終的に決めます」

「芸文協の関係者は、行政担当者が三役会議の度に来ると言っています。しかし一般の利用者には県から情報が伝わっていません」

さらに委員会で、ジョイナスホール利用者への対応について聞いた。

「ジョイナスを解体する計画を、いつ利用者に伝えたのですか」

「事業着手が決まったら、周知してまいりたい」

「意見交換会の知らせも利用者には伝わらなかったです。利用者に対する対応に問題があったのではないですか」

「まだこの事業は決まっていません」

「案の段階で前もって知らせる誠実さがあるべきではないですか」

「予定ということで、できるだけ周知に努めたい」

二回目の意見交換会

平成二八年初冬〔考える会〕は、二回目の市民意見交換会を開いた。九八名の参加があった。

初めに、秋田大学名誉教授新野直吉氏に、

「城郭《じょうかく》としての千秋公園　秋田の地の文化性と佐竹氏の非軍事性」

というテーマでご講演をいただいた。

氏の講演内容は、採録《さいろく》としてこの本の巻末に収録《しゅうろく》させていただいた。

講演のお願いに伺《うかが》った時、新野氏に尋ねられた。

「丸の内さんはこの場所に、何も建てないことを考えたことがありますか」

氏は昭和三〇年前後から、秋田県大仙《だいせん》市の国指定史跡になった払田柵跡《ほったのさくあと》の復元整備に関わってこられた。

（あぁ新野先生は、県民会館跡地に別の景色を描いていられる）

建物を何も建てないで、昔あった景色を今もあるか如きに想像させる整備の仕方があると、氏は伝えようとしていたのではないだろうか。

氏は講演の中で話された。

「われわれの久保田城は、土手その点については、櫓《やぐら》のようなものを造らなかっただけしっかりと丁寧に土手をめぐらしたんだと思います。だから、よその城よりも比べられないほどの昔のことを伝える文化財であります」

講演を聞いた参加者は、

「佐竹の殿様は文化人だったというが、街中には当時の建物も武家屋敷も残っていない。せめて土手は残したい」

「バレエの教室を持っている。文化会館は四〇〇席と一二〇〇席の二つのホールだが、新しい施設では八〇〇席と二〇〇〇席になると聞く。八〇〇席の方を、今まで文化会館を利用していた人たちが主に使うことになると思う。新しく造るのに、不便になる」

「私立高校を移転させ、そこに二〇億円で新施設のための駐車場を建てるという。二〇〇台分として一台分が一〇〇〇万円ということになる」

「その私立高校のかつての関係者だが、何億円もかけて全校舎の耐震工事を終えたばかりだ。県や市に協力しなければと、校舎移転に合意したと思う」

「鉄筋《てっきん》コンクリート住宅の平均寿命は日本が三〇年、ドイツ七九年、アメリカ一〇四年。国際社会が一〇〇年を目指している。文化会館は現在築三六年だとすれば、もう六四年は使えるという考え方が大事だ」

など次々に声が上がった。

会場でとったアンケートに、三割が回答した。

文化会館について、その九割が、

「文化会館は解体しないで、現在地で補修・耐震補強して活用すればいい」

県民会館について七割が、

「県が単独で、平坦な他の土地に建て替えればいい」

二割が、

「県が単独で現在の土地に、建て替えればいい」

歴史的土手について全員が、

「土手は文化財産なので、壊すべきではない」

と答えた。

市は自前ホールを持たなくなる

平成二八年冬、湯沢《ゆざわ》市の県議が知事に聞いた。

「私の住む人口四・七万人の湯沢市でも、一三〇〇席の湯沢文化会館と四〇〇席の雄勝《おがち》文化会館があります。人口約三二万人（令和三年一一月一日現在約三〇万人《著者注》）の秋田市が、一〇〇〇席以上の施設を自前で持たないことになるのが、良いこととは到底《とうてい》思えません」

「新施設の整備に当たっては、検討委の審議を経て結論に達したものであります。秋田市は一〇〇〇人を上回るホールを単独で持たないことになりますが、市民サービスセンターに数百人規模のホールを多数整備しております」

「検討委は決定権《けっていけん》を持つものではないと思います。県が提示《ていじ》した案を了承したと見ておりました」

「当然採決《さいけつ》ではございません。やはり二〇〇〇人規模であれば一番効率《こうりつ》が良いという結果でございます」

さらに、知事は二八年一二月七日、

「施設の建設候補地については、検討委や芸術文化団体、商工団体などの意見も踏まえ、県・市が検討を重ね、最終的に県民会館現在地を選定《せんてい》したものであります」

と言った。

「県民・市民の声を丁寧に聞きました」

という説明はできなかっただろう。

文化財の土手について、県会の産業観光委で聞いた。

「先ごろ県文化財保護審議会会長でもある新野直吉先生の講演がありました。先生は『久保田城は櫓《やぐら》のようなものを造らなかっただけしっかりと丁寧に土手をめぐらしたんだと思います。よその城よりも比べられないほどの昔のことを伝える文化財であります』と話されました。新施設の隣に駐車場を造る時、城郭の土手を一部壊さなければならないのではないですか」

「土手と保存樹については、できるだけ残したいと考えています」

「土手は全部が文化財です。知事が後々非難されることを、今しようとしているということを、お伝えしたいと思います」

文化財では、樹木よりも土手や石が重要とされている。

新野氏が、「よその城よりも、比べられないほどの昔のことを伝える文化財」と語った土手は、「土手と保存樹についてはできるだけ残したい」から、「保存樹は残すが、保存樹のないところ（土手《著者注》）は活用できる」とトーンダウンした。

市担当者またもや偽って答弁

平成二八年一二月一三日、市会総務委で担当者は、

「新施設の市の実質《じっしつ》負担額が、現時点で五一億二〇〇〇万円から五一億九〇〇〇万円と想定されます。なお市が文化会館を単独で存続させる場合の想定《そうてい》実質負担額につきましては約五〇億円と話しております」

とまたもや偽って答えた。

平成二五年一二月一七日、市会総務委で、「文化会館をこの後ずっと使っていくとすれば、費用の試算《しさん》は出ていたものでしょうか」との質問に、「平成二三年度に、今後継続して使用する場合、その機能を維持するためには大規模改修が必要であり、そのためには約四二億円の概《がい》算《さん》事業費が出ているということでございました。その後平成二四年度に約二億円かけて改修しておりまして、およそ四〇億円程度ではないかと想定されます」と担当者は答えていた。

この偽った答弁に市議は気付いていたのだろうか。

市の文化会館は約四〇億円で使い続けられるのに、約五二億円かけて〔新施設〕に集約され、文化会館は解体されることになる。

「行政改革の一環として、公共施設の総量を最適化する」と佐竹氏が何度も言っていたことは、こういうことだった。

そして一二月、〔新施設〕の基本設計の予算が県会を通ってしまった。

文化会館の解体をストップさせるには

文化会館を解体から守る最後の手段は、施設の実施設計をストップさせるしかないと、私は翌二九年の市長選に出る決心をし、二八年暮れ、所属《しょぞく》会派〔みらい〕の会長にその旨《むね》を話した。

会長は、

「B君に話してみれ」

と言っただけであった。

B氏は同じ会派の秋田市の県議で、年明けに話すと、

「もっと、わげぇ（若い）方がいいなぁ」

であった。

ところが二月に、県会に出ていくと会長が、

「この会派から出て行ってくれ」

と言った。

「会派から出なければならないような覚えはありません。会則にもそのような規定《きてい》はありません」

「この会派は穂積さんが県議の時に立ち上げた会派だ。市長選に出て穂積さんと闘《たたか》うような人を、ここに置いておくわけにはいかない」

「二年前、二人会派でこちらに入る時、〝以前穂積さんと闘った者でもいいのですか〟と聞きました。その時会長は、〝関係ない〟と言われました。年末出馬を相談した時も、会長からそのような話はありませんでした」

その時、B氏が割り込んできた。

「どっこに、負け馬と一緒にやれるか」

「B君、そこまで言うな」

副会長がB氏を制《せい》した。

「私は、出ていくつもりはありません」

三月の会期末まで、会派に席を置いた。


市長選は、現職と一騎打ちだった。

全世帯に会報を配った。

文化会館については、

「文化会館を残すか、解体するかを決めるのは、あなたの声です！」

と呼びかけ、辻々で、選挙カーで訴えた。

しかし文化会館を利用している市民以外には、施設の使い勝手など大事なことではないらしく、まだまだ使える施設を壊しても、新しく大きな施設が建つことを期待する声の方が多かった。

投票率五一・七七パーセント、現職ほづみもとむ八万七三五三票、丸の内くるみ四万七〇〇一票の大差で落選した。

県民会館は平成三〇年に解体され、〔新施設〕が三一年から令和三年にかけて建設され、四年にオープンした。

それまでの五年間、利用は当然文化会館に集中していた。

一番可哀相《かわいそう》なのは、部活動の中心だった県民会館を、丸々三年間使えない中高生で、彼らがせめて文化会館を使えるようにと、他の団体は協力し合って隣接市で活動していた。

県会で担当者はこの状況を、

「県民会館が使えないことは、どうしようもないです」

と他人事のように答えていた。

他県では現在地に固執せず他の場所に建て、新しい施設を県民が使い始めたのを見はからって旧施設を解体していると何度も述べた。

どちらが、県民の活動を大事にしていると言えるだろうか。

中ホールに〔反響板《はんきょうばん》〕が付かない

さらにここにきて、新施設の重大な問題が発覚した。

〔新施設〕には県民会館の代替ホール（以後、大ホール）と、文化会館の代替ホール（以後、中ホール）を設置することになっていた。

しかし二〇〇〇席の大ホールに〔反響板〕は設置されるが、八〇〇席の中ホールに〔反響板〕は設置されないことが、土壇場に明らかになった。

文化会館には大・小ホールどちらにも〔反響板〕が設置されていたから、マイクを使用しない演奏会や学校祭、合唱祭などが目白押しで、音楽関係の利用が格段に多かったと前述した。

〔反響板〕について、フルート奏者で元文化会館副館長の畠山久雄《はたけやまひさお》氏に聞いた。

「クラシック音楽はマイクを使わないのが基本で、小さな音でも遠くの客席まで響かせる反響板が必要です。反響板は使わない時ステージの上に格納《かくのう》され、必要な時に天井と側面にセットされます。楽器奏者にとって当然の設備で、反響板がなければ演奏者同士が音を聴きとれなくなり、合奏《がっそう》ができなくなります」

そこで、〔反響板〕について議会でどのように話し合われたのか、県会と市会のやり取りを、詳しく調べ直した。

〔新施設〕は平成二五年〔整備構想〕、二六年〔基本計画〕、二七年〔整備方針〕、二八年〔整備計画〕の順序で検討され、その都度「前年度の構想（計画・方針）を踏まえて策定」と県会・市会で説明されてきた。

二八年八月二日市会総務委で〔整備計画〕について担当者は、

「音響《おんきょう》の可変《かへん》や残響《ざんきょう》などについて、具体に今この施設に、どのようにどこまで入れ込むかという検討はまだ進んでおりません」

と答えた。

総務委で文化会館の代替中ホールの音響について、「整備計画での検討はまだ進んでいない」と説明されていたことになる。

しかし令和二年六月二三日、「中ホールに反響板の設置を求める要望書」が県会の産業観光委に出された時担当者は、

「中ホールについては、ことさらに反響板を付けないホールですという説明をしてこなかったと思います」

と答えた。

すなわち当初の整備構想から、中ホールには〔反響板〕を設置しない計画だったことになる

だろう。

私も含めて多くの市民が、中ホールに〔反響板〕を設置しないことを、どうして土壇場《どたんば》まで気付かなかったのか、もう一度調べ直した。

二六年一二月一一日〔基本計画〕について市会総務委で、

「高機能型ホール（大ホール）は県民会館機能を継承《けいしょう》し、舞台芸術型ホール（中ホール）は文化会館機能を継承していくと、お互いの了解を得ております」

と役割分担が説明された。

文化会館は大・小ホールどちらにも〔反響板〕が設置されているから、「文化会館機能を継承する」と言われると市民は、中ホールにも当然〔反響板〕が設置されることを、疑わなかっただろう。

そして二八年八月二日〔整備計画〕について市会総務委で、

「高機能型ホール（大ホール）の主用途は音楽・オペラ等、舞台芸術型ホール（中ホール）の主用途は演劇・舞踊・伝統芸能等です」

と説明された。

役割分担の説明から〔県民会館機能〕と〔文化会館機能〕の文字が消え、さらに中ホールの主用途が演劇等に特化されていた。

市と市民は対等ではない。

情報量、資金、動ける人数を含めた手立《てだ》て等すべてにおいて対等ではない。

その対等ではない市民に対し、県と市はこのような仕事の進め方、情報の出し方をしてきた。

知事と市長は当初から、このように仕事を進め、このように情報を出していくことを含めて、合意していたのであろう。

議論は禁止と、ワークショップを幕引き

令和元年、県管弦楽連盟《かんげんがく》（以後、連盟）会長羽川武《はがわたけし》氏が県会に出した、「反響板設置を求める要望書」に対し、産業観光委で担当者は、

「ワークショップで音楽関係者に反響板について意見を聞きました。〝あった方がよい〟と、〝役割分担した上で、ない方がよい〟との両方の意見がありました。

次のワークショップで決めなければならない状況でした。県や市は演劇に特化したホールがないことや、反響板があればバトン（舞台照明や幕などを吊るして昇降させる棒[著者注]）の設置に制約が出るから、設置しないことにしたいと説明しました。〝反対だ〟〝どうしても付けて〟という声はなかったと聞いています」

と答えた。

連盟関係者はこの時なぜ反響板が必要だと、最後まで言い通さなかったのだろうか。

このワークショップは県が平成二九年、

「新施設を利用する県民の意見を、基本設計に取り入れる」

として開いた。

メンバーは最初二〇名。

全員が公募だったわけではなく、ここでも最初から一七名の圧倒的多数の文化団体関係者が既に決まっており、公募はわずか三名であった。

のちに公募が二名追加され、ワークショップは六月から一一月まで計六回開かれた。

しかしワークショップについて連盟に聞くと、ニュースに出ていない重要なことが明らかになった。

県はワークショップを開く前ホームページに、

「ワークショップは意見交換の場であり、議論は禁止」

と書いていた。

連盟は、

「七月のワークショップのとりまとめに、反響板の必要性は両論併記《へいき》となっています」

と県に質問状を出した。

県は答えた。

「八月のワークショップで、反響板を設置しないことを明確に説明し、異論《いろん》がなかった」

そこで、八月のワークショップの参加者に、詳《くわ》しい状況を聞いた。

「八月のワークショップに出ていくと、県は一方的に反響板を設置しないと説明した。以前からホームページに、議論は禁止と書かれていたので、議論できないでいるうちに、異論がなかったとまとめられてしまった」

これが、県会の産業観光委で担当者が説明した「異論がなかった」とまとめられたワークショップの本当の経緯であったのだろう。

県は、県民の意見を聞いたとするためにワークショップを開き、初めから、「議論は禁止」とホームページに出して縛りをかけ、議論になりそうなところで一方的に「反響板を設置しない」と説明して議論を封《ふう》じ、幕引きを図ったことになるだろう。

文化会館の利用が格段に多かった音楽関係者の声は切り捨てられ、〔新施設〕が建設され、文化会館は解体されることになった。

ここにきて、中央街区演劇研究室代表の加賀屋《かがや》淳《じゅん》氏の心温まる声が「朝日新聞」に載った。

「反響装置があっても、演劇の舞台づくりに支障《ししょう》はない。反響装置があった旧県民会館大ホールも問題はなかった。県内の演劇団体では中ホールを一杯にするのは無理で、利用は少ないだろう。むしろ、反響装置を設置して、音楽の利用を増やしたほうが、稼働率《かどうりつ》を高める上で効果的《こうかてき》だ」

音楽イベントの排除を意味する

〔新施設〕は〔あきた芸術劇場ミルハス〕と名付けられ、令和二年早春、施設の指定管理者が決まった。

県民会館の指定管理者であったメンバーを含む一般財団法人秋田県総合公社が代表者で、〔あきた芸術劇場ＡＡＳ共同事業体〕として民間二社と連帯して責任を負うことになった。

秋田市民は文化会館を失ったにも拘わらず、〔新施設〕の約半分の財政負担をずっと負っていくことになった。

秋田市の県議が知事に聞いた。

「中ホールが全県唯一《ゆいいつ》の演劇などに特化したホールになるとすれば、文化会館の多目的機能は引き継がれないことになります。市民は最もニーズの多い音楽関係の利用に対応できないホールの維持管理負担を続けていくことになります」

知事は、

「県内文化団体等との意見交換会、さらには県民とのワークショップなどを通じ、丁寧に意見を伺った上で決定したものです」

と答えた。

連盟は県会に何度か請願書を出したが不採択が続いた。

中ホールはこれまで市文化会館の代替と言われていたのに市は一切対応せず、県担当者が、

「(反響板のある)著者注 多目的ホールは、アトリオンや県児童会館など、他にもあります」

と芸術劇場を県の一施設であるかのように答えていた。

市会は連盟から出されていた、

「中ホールに反響板を設置しないことに決めた不透明《ふとうめい》な経緯《けいい》に関して、県民・市民への丁寧な説明を求める請願」

を賛成多数で採択した。

しかし市は〈市民への経緯説明会〉を、〈市広報〉で広く市民に知らせることを一切せず、市民が一人も来ていない会場の利用案内に〈市民向け秋田芸術劇場の説明会〉とあたかも説明会を開いたかのように掲示して写真は撮ったようだ。

そして連盟関係者に、「ワークショップで反響板を設置しないと説明し、参加者から異論はなかった」を繰り返して幕引きを図った。

連盟の羽川会長から「秋田魁新報」に、「請願署名活動への協力に感謝」と題して次のよう

な投稿があった。

「（〔新施設〕の《著者注》）構造に関する審議の経過が、ほとんど県民に知らされてこなかったので、大きな驚きだった。演奏家にとって、反響板がなく天井が筒抜《つつぬ》けの舞台構造は、音楽イベントの排除を意味するに等しいことだからだ」

　小ホールについて県会の産業観光委で担当者が説明した。

「小ホールは大ホールと中ホールの、それぞれのリハーサル室を兼ねた部屋です。大ホールの中の音響効果の高い小ホールは、二〇〇人程度の観客を収容できます」

「中ホールと対の小ホールはどのくらいの収容人数ですか」

「一五〇人です」

　ピアニストの近藤《こんどう》美穂子《みほこ》氏の投稿が、「秋田魁新報」に載った。

「〝舞台芸術型中ホール〟に音響反射板（反響板）が設置されないそうだ。反響板が設置されないと音楽関係者が知った時には、もう工事が始まっていた。秋田市文化会館小ホールを利用していた人たちには、〝高機能型ホール（大ホール）〟や〝アトリオン音楽ホール〟はキャパシティが大きすぎる。そしてリハーサル室は小ホールの替わりにはならない。利用人数だけを見てリハーサル室で良いなどと考えることはできない」

衝立式《ついたてしき》では、対応できません

令和三年、県会産業観光委で、

「移動式音響反射板《はんしゃばん》〔衝立式《ついたてしき》〕を、一六枚購入する予定です」

と担当者のコメントがあり、ニュースにも流れ、連盟関係者は、

「おめでとう、よかったね」

と多くの人に言われたそうだが、連盟会員でもある畠山氏は衝立式について、

「衝立式は水平方向の音を客席に届けることはできても、垂直《すいちょく》方向の音にほとんど対応できません。音のエネルギーの多くは、ステージ天井裏の巨大な空間に吸い込まれてしまいます。しかも設置する度に手間がかかり、使わない時は舞台袖《そで》で場所を取ります」

と言った。

しかし知事は、

「新施設は県外からの誘客《ゆうきゃく》効果が大きい全国大会等が開催される場で、演ずる方にとっては文化的雰囲気でやるのが一つのプライドです」

と、市民の演奏といわゆる外部の一流人の演奏を区別し、市民に対しては、

「施設を十数年で倍にしました」

と市民サービスセンターの利用を勧めてきた。

しかし市民は、

「文化会館はグレードが高く、市民サービスセンターは代わりにはならない」

と知事や市長が市民の文化活動を低く見て、市民をサービスセンターへ追いやろうとしていることを敏感に感じ取っている。


ここにきて知事の言葉が、脳裏《のうり》に焼き付き、何度も聞こえてくる。

「ソフトくらいむだな金はない。意外と何も残らない」

レオナルド・フジタの遺言を守ることも、県民・市民の声を丁寧に聞いてその活動を支援することも、〝むだな金をかけることで、意外と何も残らないこと〟と思っているのだろうか。

しかし約二五〇〇年前の佐竹知事の先祖は、〝日照りの時は如斯亭に水を引き込まないように〟と、近在の農民を気遣う藩主だった。

＊引用文は出典表記のまま記載

採録

城郭としての千秋公園　秋田の地の文化性と佐竹氏の非軍事性

秋田大学名誉教授

新野　直吉

1．イザベラ・バードの久保田評価（『日本奥地紀行』）

余り知られていなかった人ですが、この人はイギリス人です。明治十一年という一八七八年、彼女がこの本『日本奥地紀行』に、関東から出発して北海道まで旅行し、見たことを書いています。日本のことを詳しく知りたいという探求心で、きわめて明確な認識を各地各地に書いています。その中に久保田の評価のことも書いています。一八三一年生まれ、明治十一年の時には四七歳でした。明治十一年の秋田市は三万六千人の人口でした。純日本風の魅力的町だと秋田の印象を表現しています。そして、太平山という立派な山があって、それから肥沃な平野が続いていると書いている反面、宿泊した旅館では食事のビフテキ、カレーや胡瓜が非常に美味しいと書いてある。ですから、明治の初年に秋田の食堂ではイギリス人が美味しいというビフテキ、カレーを作っていたわけです。また、城下町のサビレが無い。彼女が通ってきた城下町は明治維新で多くサビレているわけです。ところが、秋田の場合はサビレが無いと書いている。繁栄していてどの町より久保田が好きと書いています。久保田が秋田になったのは明治四年のことですから数年より経っていないので、一般的には久保田とまだ言われていた。明治十一年七月下旬ころに山形県から院内峠を越えて秋田に入って、県南の六郷では結婚式を見たら美人の女性であったということも書いてある。そういう秋田です。その秋田の武家時代はどんなものであったたか。

江戸時代の久保田のことに言い及ぶ前に、思い出したことがあります。

私が大学に勤めていた頃に、出身が新潟大学で出身地は宮城の人が、郷里に帰る時には横手から黒沢尻までの横黒線経由で急行に乗るのが東北本線側に行く一番便利な時代の話です。彼はその列車に乗っていた時、列車が秋田駅を出てすぐ四ツ小屋あたりまで行ったときに、ある四人連れの人が酒を飲みだした。秋田の人が列車中でお酒を飲むのはきわめて普通のことでしたが、彼は秋田に来て間もない頃でしたからびっくりした。そしたら飲みながら「秋田はダメだ。秋田はダメだ」という話ばかり、それも楽しそうに。そこで彼は「けしからん」と、自分の郷里のことを思って、「皆さん、どうしてそんなに秋田の悪口ばかり言うんですか」と、「秋田の人ではないのですか」と聞くと、「いや、俺は秋田ヤ」。そうしたら一人の人が「オイ若いの、そんなこと言わねで、お前も飲め」と、彼はびっくりして秋田はこういう奥深いというか、捉まえにくいところだと思ったそうです。

私は二八年四月に初めて秋田大学に赴任しました。東根小屋町に住んでいたので広小路の木内向いあたりの食べ物を売っている店に買物に行きました。これまで住んできた仙台でも関西でも大阪辺りの常識では、「これサービスしたら幾らになる?」と言うのが買い手のエチケットでもあるわけでしたから、私も「これ幾らになるの?」と聞いたら、爺さん「ンー、書いてあるべ」という、「この通りなの、サービスは?」と。「それで悪ければ、買うな」そう言って奥に立った。「ホー、商人がそういう立場にあるというのは珍しいなー」と思いながら結局買わなかった。

そういう久保田が持っている文化性というものを、この英国人は、こういう風に受け取っているのです。

2．熊谷新右衛門の驚き（『秋田日記』）

天保八年、一八三七年ですから、バードよりはずっと前になります。といっても四十年くらいですね。その三月下旬に、本荘でもなければ秋田でも、能代でもない、矢島ですよ。矢島はあの盆地ですよね。矢島に米買いに来た仙台藩（今の宮城県）気仙沼地方の棟梁がいました。この棟梁は気仙郡の御郡棟梁と言う名称の職人の大将です。何故来たのかと言うと、江戸時代に天明の飢饉もありましたけれども、天保年間には天保六年から続いた飢饉で、彼が来たのは八年ですから飢饉から三年目です。岩手県とか宮城県とかではお米が無い。したがって、久保田藩などの豊富なお米を買ってくるように頼まれた。そこで矢島に来て思い通りの米を買うことができた。その後、本荘にも出て、久保田にも来て宿に泊まり、土崎にも行って食事をしたり、芸者さんの踊りや歌を聞いて満足して、「イヤー、秋田は良い所だ」というようなことを書きながら帰って行った。

陸奥の国と出羽の国、諸国の事情を知っている人物です。その彼が、峠を越えるときに、陸奥側から出羽側に奥羽山脈を越えるときにしばしば諸記録に出てきますが、向こうから秋田側に越えて飢えをしのごうとしたものが達成できず餓死してしまった屍が白骨化して、向こう側の山頂付近に転がっているという状況が有ったらしい。彼もその状況に嘆きながらやってまいりました。そのときは彼一人ではなくて、斎藤伊四郎なる同行者と、途中から喜左衛門・貞蔵・円治の四人の米買いが加わり、五人一組で買いに来ていたのですから、彼が思い付きで書いたとは思えません。最初にビックリしたのは、小安温泉で飲めや唄えやの賑やかな騒ぎを見た。今、屍を越えてきた人間、凶作で何も食えない、ところが山を越えた秋田領では踊ったり唄ったり三味線を弾いたりにビックリした。そして、今度は稲庭うどんがこれもまた美味しいと記録しています。久保田領に来てみたら、江戸から下ってきた役者がちゃんと番組を持っていて何日か興行している。もちろん、飯も食えない陸奥側には旅芸人は行かないわけですから、いかに出羽の秋田側が豊かであったか分かるでしょ。明治の初めの段階にカレーのことを話しましたが、これは土崎の料亭かの話で、カステラが出てきた。天保八年ですよ。カステラが定番であった訳ですから、秋田ってすごい所だと思うでしょ。私の著書『北の海みち』関係のものでも、秋田と言う所は古代の段階から開けていた旨を論じています。しかも内部的なことだけでなく、外との関係においてもです。

3. 三思想家と真澄

こういうような久保田領であったからこそ、秋田の誇っている平田篤胤とか佐藤信淵とか日本全国的に通用した個性的な思想家が生れたんでしょうね。しかし、こういう人々は「高ければ、買うな」というようなおおらかな秋田の人には、この厳しい思想家達は合わない。ですから、領内にいては彼らはあのような大思想家にはなれなかったわけです。

しかし、誰も知らない人がいないように、今で言うなら愛知県出身であった菅江真澄が、色々歩いてみて津軽藩では罪人扱いされた期間もあったのですが、そこから郷里へ帰る途中秋田に入った。彼は旅の文人ですからチョッと歩いている間に、秋田というところに自分はもっと長い時間をかけようと思って、『遊覧記』を書くことになったのでしょう。ついには終生そこで住んで終わってしまうことになり、真澄のように北海道まで歩き回った人間の広さから生まれたわけです。

バードの国際人としての感覚で、真澄の江戸時代でいう東北・北陸を歩いたわけだから、当時の意味での国際的なセンスを持っているわけです。そういう人にとっては、秋田の良さというものは普遍的な意味として、価値として認められたんでしょうね。そういう、秋田は色々な面から見て優れた文化性を持っていたということを、歴史家としての私は申し上げておかねばならない。

4．独自秋田蘭画の意義

今、東京で秋田蘭画の展示会が行われ評価されています。小田野直武《おだのなおたけ》、秋田蘭画というものがあの江戸時代に洋風画をどのようにして確立したのか、そのいきさつは今は話しません。一要素として思想家も中ではダメかもしれませんが外ではちゃんとできるし、それから秋田蘭画のように時代の先端を行く技術も中央で、久保田藩の藩士である直武が第一人者として存在したわけです。もちろん彼が出た以上は、藩からの後援もあった訳ですし、支援する人もいたわけです。それが秋田の文化性です。

5．家老の記す酒の国秋田（『梅津忠宴日記』）

秋田の酒というものも秋田の文化性を示すものだと思います。久保田藩の家老である梅津忠宴《ただやす》の日記という史料があります。その史料の中に、天和元年（一六八七）十二月九日付け、付けと申し上げたのは公に対する家老の口上書・上申書で日付がある訳ですね。概略、久保田藩は余りに多量のお酒を作りすぎている、それは米の浪費であるから、幕府の方から制限しなさいという指導があったのかもしれません。それで、彼は藩の立場を上申するために、この口上書を書いたものでしょう。そのメモが、その本文のとおりであるか、あるいは出したものの原稿であるのかは、これは家老の日記ですから判断の分かれるところですけれども、その中にこういうことが書いていますす。一条目には秋田は寒くてよそのように、（佐竹藩は関東地方の常陸の国から転封されたわけです。）麦づくりもできない。裏作の麦づくりですね。その一方で米はきわめて豊かであるという大前提を第一条に書いてある。二条目にはそういう状況だから畑も年に一作しかできません。畑も裏作などできません。そして、三条目には寒いから、その寒さに耐えるために「百姓・猟師・職人これらに、酒を飲ませて体を温めて働かせないといけない。そのためには酒が多量に必要です」この家老、なかなか面白いなと思いながら、これも理屈だと感心します。

そして四条目「昨年は酒造りの米の量を指定しないで、無制限に作らせた」といって、自分の責任を認めています。指示があったかどうか、「だが、今年は半作にします」とちゃんと断っています。更にダメ押しをしている。五条目には、秋田に米買い舟が来るのは、北前船の米買い舟ですね。四月～五月、当時は旧暦ですから夏にならないと米買い舟が来ません。三月～四月、初夏のころまでは地元で酒米にでもしない限りは、その土地を持っている地行侍も自作している百姓も収入がないので困る。地行侍は年貢米が上がってくるとそれが侍達の収入になるわけですから、領内経営のために酒を作ることは必要なのですよというプロテストもしている。領内の酒屋が何軒有ったかというと、久保田藩領内に七四六軒あったそうです。

大和元年というまだ十七世紀の段階ですよ。ですから、秋田がいかに豊かな酒の国であったかご理解いただけると思います。

6．戊辰戦争の九州軍の「秋田の戦闘力甚だ拙い」という軍評と勤皇心

戊辰戦争の九州軍の「秋田の戦闘力甚だ拙い」という嘆声を、明治の後期に『北羽発達史』に佐久間舜一郎という人が書いています。彼は秋田の人ではありませんが、県庁の職員でもありました。本を書いたときは退役していたでしょうね。「武芸・武道衰廃し、文学興らず、藩士一般自然時勢に遅れ、士気また振るわず、而して当の敵は東北有名の武藩を以って、武器精鋭、士気旺盛、その武将概ね戦略に富む。之と相闘うに於て秋藩（久保田藩）の敗は決して怪しむに足らず。二十万石の藩力を挙げて十五万石の藩（庄内藩）を撃ち、却ってその逆襲する所と為り、殆ど連戦連敗の形成を成せり。（…中略…）

矢島口の進軍隊軍将古内左総治の廃衂《じく》の如きは、殆ど戦を以て論ずべからず。真に是児戯のみ」と久保田藩の戦いぶりを称したが、秋田地方諸藩の戦いぶりは芳しくなかった。八月六日、亀田藩、本荘藩、矢島藩は鶴岡軍の強力さに恐れを抱いたらしく、亀田は矢島まで攻め入ってきていた鶴岡藩に降伏の嘆願書を出した。

明治の戊申の戦争は、北日本の三一の藩、新潟県の長岡藩などまで団結して、幕府を倒すという九州軍や長州軍、西日本の勤皇軍に対して、やはり幕府はあるべきだという立場をとって

いたわけであります。佐幕ですね。ですから、三一藩同盟で結成されている軍隊は佐幕軍、しかも久保田藩も白石とか青葉城とかで、協議されて決めた文書に署名・捺印してあります。その久保田藩が勤皇側に鞍替えしてしまったというか、それに対して東北諸藩は裏切りだという訳で、それをなじろうとするわけです。だから、指導的立場にある伊達藩の役人達が、久保田藩にどういう訳だと談判しに秋田に来たら、次男・三男坊たちの集団に斬られてしまった。

寺内に仙台藩の受難した人たちの慰霊碑が立っていますね。あの事件です。そうなっちゃったので、久保田藩も是非もない、その状況を見て西南軍は男鹿半島や土崎港などに上陸してきます。結局、弱い久保田藩ではあったけれども、西南軍は強いわけですから、庄内藩といえども苦戦することになります。その当時のことが記録に残っています。戦況視察に船川に上陸した官軍の副総督の子の沢主水正、薩摩の村田新八が前線の状況を視察に参りました。官軍の参謀の副役である桂太郎と会見して、「秋田の勤皇心は切実だが戦闘甚だ拙い」と言った。北の方から攻めてきたのは盛岡藩です。鹿角口から攻めてきて大館城はすぐ落とされます。もう能代まであと一進みだというところまで来て停戦になります。北の方の戦いをみても、南の方の戦いぶりをみても、久保田藩の軍事力というものは一緒に戦っている人たちが「甚だ拙い」と言っているのですから、「軍事力も口に出して言えない」と言うほどの著者の表現です。「戦闘力、甚だ拙い」という秋田軍に対する九州軍の評も、しかし、「勤皇心は強い」とちゃんと書いている。

こういうことはどうして出来たのか。どうしてこうなったのかといえば、（酒ばかり飲んでいて、一生懸命武芸をやらなかったから、こうなったのではないですか）こういう答えが出てくることは、すぐ分かります。ですが、私はそう考えません。それは、移封佐竹氏の立場と古来の秋田文化の伝統によるものだ。何故、久保田藩の江戸時代のことで充分分かるのに、古来の秋田文化と言う意味で言うんだと言うかもしれませんが、古来の秋田文化が存在していたからそこに転封してきて、武芸一流の佐竹藩も関東にいたときの武威的なものとは違った文化性を、先に見たような直武たちの文化性を、持つようになったのです。秋田の風土性ですよね。ハタハタも美人も皆、佐竹が連れてきたという変な話があるけれども、当時の秋田の人口は三十万人くらいだと思いますけれど、ところが、佐竹が連れてきた武家団、それは組織がありますからね。武家団以外の商人や町人などは限られております。それに若い女性ばかり連れてきたのではありません。おばあさん達もたくさん連れてきたのです。だから秋田の人が秋田美人であるのは、佐竹さんが常陸の美人を皆連れてきたからという訳ではない。そのために、だから俺ら方は不美人になったと水戸で言っている人がいるらしいですが、それは一つの考えかもしれませんが、そんなことはありません。『秋田美人の謎』という本を書かされた私が言っているのですから、でたらめを言っているわけではありません。データがあります。

さて、古来のことについては、秋田美人と秋田文化を生み出した秋田の伝統と言うことになります。

7. 移封佐竹氏の立場と古来の秋田文化伝統

佐竹氏が来て海から離れただけでなく、古代秋田城からも離れた領主の下で、秋田県地方は治められることになった。秋田実季が湊城を造った頃、全国第何位の大身大名であった五十三万石、太閤蔵入地を含めれば五四万五千八百石で、常陸の大地で平安時代以降威力を誇ってきた佐竹義宣が、慶長七年五月八日、出羽への国替えを、彼は京都にいた時に伝えられた。

連絡を受けた水戸城中は狼狽し、そして、七月二十七日に秋田・仙北両所を与える旨の判物を下された。幕府の判が押されている公式文書ですから判物と言います。幕府が与えたのは秋田・仙北で、その秋田というのは豊島・秋田・檜山の三郡、仙北は仙北三郡、山本郡・平鹿郡・雄勝郡です。その領地を与えることだけ書いてある。ここは、旧安東氏、小野寺氏、戸沢氏の領地を引き継ぐという形であった。現実には雄勝については最上の勢力が及んでいたのでそれも当然含む領域であった。九月十七日、安東氏の城であった湊城に入った。しかし、九月九日に勝平から紫波の渡しを湊城に渡ったとの伝えもある義宣は三三歳の壮年で、父義重も五十代半ばであった。それぞれ改易された次男の芦名義広は江戸崎藩、三男の岩城貞隆、これは平の十二万石、この岩城氏はやがて亀田の藩主になるわけです。四男の加賀谷宣家はこれも下妻六万石。こういうようなそれぞれの領地を持った一族、全部で六十七万石になります。

その一族が出羽の六郡に移されたわけです。ところが、幕府が佐竹に与えた辞令は、今申し上げましたように秋田・仙北両所を与えるとだけで、石高は示してなかった。勤務している人間に対してお前の給料はなんぼだと書いていない。そういう書類であった。だから、少しでも佐竹藩に幕府に対して敵対するような気風があるなんていうことを、隠密が報告してきたら佐竹はいっぺんにつぶされてしまう。そういう立場にあったんですよ。どんなに悔しくても、幕府に刃向かうような武力は一切持っていませんという状況を示さないと、絶対安全というものは無い。何時、石高が伝えられたかというと四代将軍家綱のときに初めて佐竹藩に与える石高は二十万五千八百石であるという文書が交付されました。領地判物と言います。転封されてから六十二年経っている。六十二年間も自分の給料がいくらか決まっていない。そんな不安な藩の政庁の立場を、皆さん藩主に、家老に、なったつもりで考えてみてください。武力なんか蓄えられますか。戊辰戦争の時の久保田藩の弓は弦が切れている、槍は錆びている。刀は個人で持っているから磨いてあったでしょう。そんなもの戦って負けるのが当たり前です。「ダメだよ藩、頑張ってよ」と藩民が言わなかったのは、文化的でお酒も非常にゆっくり飲んでいるという文化性を久保田藩の人、秋田の人が持っていたからです。それは海みちと深い関係があります。

8．矢留城の在り方と県政の方針の意義

九月十七日の新聞記事に、記者席というコラム欄に記者が書いたものです。「一か所も壊さないという理解でよいか」新文化施設の整備予定地である県民会館周辺の土手や保存樹について丸の内くるみ氏（みらい）が一般質問で佐竹知事に詰め寄った。佐竹氏は既に文化的雰囲気を要素として存在を前提としていると表明している。丸の内氏の質問に憮然とした様子で、未定です。と答弁。重ねて壊すこともあるのかと質問を受けると、残すことは前提だが若干の変更はあり得る。実際に設計してみないとわからないと交わした。と報道されています。

佐竹知事は佐竹氏の子孫です。本家ではないにしても。ですから自分の先祖が造っていた久保田城を壊したいなどとは思っていないのだが、あえて聞かれたわけですから、保存を前提としているとしか答えようがなかったのでしょうね。知事は公の立場ですから、残すことは前提だが、若干の変更はあり得るかもしれないと言っているのは、部下のものが計画を作るんでしょうからその点のことを考慮したら、やはりこういう答弁になるのは政治的なものなのだろうと感じました。

姫路城のような城郭もありません。姫路城だけではなくて、岡山城でも松山城でも弘前城で

さえも、あんなに人気がある櫓もあります。ところがわれわれの久保田城ははじめから天守閣もなかったし、いま復元されている隅櫓も二階になっていますが、江戸時代には一階建てであったはずです。するといかに佐竹藩が凛々しい櫓など造って武威を示して幕府から嫌がられ、揚げ足を取られたく無いと考えていたかということが良く分かります。したがって、そういう派手なものが無い、土手その点については、櫓のようなものを造らなかっただけしっかりと丁寧に土手をめぐらしたんだと思います。だから、姫路城を代表とするようなよその名城たちに比べて、矢留城は立派な建物や飾るべきものも少なかったわけですから、むしろしっかりとした土手などを藩は造ったと思います。だから、われわれの矢留城・久保田城はそういうものが誇りの対象になるものと言うか、伝統の文化財であります。よその城よりも比べられないほどの昔のことを伝える文化財であります。それが歴史を勉強してきた私の結論であります。

（講演内容は原文のまま）

あとがき

秋田の人はどうして自分の意見を言わないのだろう。意見を言えば、いずれ不都合なことに巻き込まれると恐れているのだろうか、と日頃私は思っていた。しかし、新野氏の講演『城郭としての千秋公園　秋田の地の文化性と佐竹氏の非軍事性』を聴き、江戸末期から一五〇年以上経った現在も、秋田の豊かさと鷹揚さが脈々と受け継がれてきていることに圧倒された。

しかしそうであっても私は、おかしいと思う時、やっぱり動いている。

〝わたしの目には、あなたは高価で尊い。わたしはあなたを愛している〟(聖書)

と声がするから。

自分史年表

和暦（西暦）	歳	私生活・如斯亭・仕事	県・市・NPO活動・市民活動	日本
昭和19年（1944）	0	水戸に生まれる		
昭和22年（1947）	3	如斯亭に移る		
昭和27年（1952）	8	如斯亭県史跡指定第1号		
昭和35年（1960）	16	県立秋田高校入学		
昭和39年（1964）	20	京大入学 旅館如斯亭開業		東京 オリンピック
昭和42年（1967）	23		旧県立美術館開館	
昭和44年（1969）	25	結婚		
昭和50年（1975）	31	夫自殺、秋田に帰る		
昭和53年（1978）	34	こひつじ保育園設立		
昭和56年（1981）	37	秋田市役所勤務		
昭和61年（1986）	42	父死亡		均等法施行
平成2年（1990）	46	再婚	〔秋田の高齢社会をよくするフォーラム〕設立	
平成7年（1995）	51			阪神淡路大震災
平成8年（1996）	52	姉死亡	秋田市再開発計画	
平成11年（1999）	55	「如斯亭寄贈ご破算」の記事 『年を取ってなぜ悪い』発行	県、日赤跡地を取得	
平成13年（2001）	57	市長選①、母死亡		
平成14年（2002）	58		〔NPO法人あきたパートナーシップ〕設立	
平成16年（2004）	60		〔座頭小路のいちょう〕の署名活動	

和暦 (西暦)	歳	私生活・如斯亭・仕事	県・市・NPO活動・市民活動	日本
平成17年 (2005)	61	如斯亭基礎調査に補助金付く	市文化会館耐震調査で「30年程度もつ」	
平成18年 (2006)	62	『如斯亭基礎調査報告書』発行 文化財庭園フォーラム	〔パートナーシップ〕遊学舎の指定管理者に選定される	
平成19年 (2007)	63	如斯亭　国名勝指定 夫県議に当選直後脳梗塞発症	県、平野美術館理事会に移転を迫まる	
平成20年 (2008)	64	如斯亭保存管理計画書策定委員会始まる	〔市役所建て替えについて語らう会〕開催 中活計画で文化会館市街地へと規定、市長の文化会館老朽化発言	
平成21年 (2009)	65	市長選②	〔ＮＰＯ法人あきたスギッチファンド〕設立 〔マザーリバー雄物川〕設立	
平成22年 (2010)	66	如斯亭の市への寄贈成立	〔県立美術館を残したい会〕の署名活動始める	
平成23年 (2011)	67	如斯亭の追加指定、整備委開始 くるみ県議当選①	17年の文化会館耐震調査結果が市議会で初めて明らかになる	東日本大震災
平成24年 (2012)	68		〔地震津波緊急避難相互支援協定〕締結	
平成25年 (2013)	69	如斯亭に鉄骨20本案出る	〔県美を活かす会〕が〔街並み展〕開催 〔秋田の行事〕新県美に移転 知事・市長が、県・市連携文化施設を共同公約	
平成27年 (2015)	71	くるみ県議当選②	〔文化会館を考える会〕設立	
平成28年 (2016)	72	夫死亡	〔文化会館を考える会〕で意見交換会を開催	
平成29年 (2017)	73	市長選③	〔ＮＰＯ法人シングル非正規職あきた女性の家〕設立	
令和2年 (2020)	76		『秋田のシングル非正規職女性の社会的支援に向けたニーズ調査報告書』を発行〔Yahooニュース令和3.6.12地方に住む不本意非正規女性を助けよう〕	

参考文献

如斯亭

秋田県公文書館『如斯亭記・学館命題文稿完』
丸野内胡桃『如斯亭の歴史・庭園および建造物群に関する基礎調査報告書』二〇〇六年
秋田市教育委員会『名勝旧秋田藩主佐竹氏別邸（如斯亭）庭園保存管理計画書』二〇一〇年
丸ノ内久『考える土』新生活事業センター出版部、一九六六年
秋田市史編纂委員会『秋田市史　第十巻　近世史料編下』秋田市、一九九九年
秋田県公文書館『羽州久保田大絵図』
真崎文庫『穐田十二景詩歌並図絵』大館市立栗盛記念図書館
吉田直也・ハマ『秋田市の木と林と森』一九七二年
中谷久之助『茶町遠くて』茶町梅之丁町内会、一九九九年
龍居竹之介『庭155号「おりおりの庭園論第百十一回・庭を大事にしよう」』建築資料研究社、二〇〇四年
秋田市教育委員会『名勝旧秋田藩主佐竹氏別邸（如斯亭）庭園保存管理計画書策定委員会会議録』第一回二〇〇八年七月一七日～第五回二〇〇九年九月二日

史跡等整備の在り方に関する調査研究会『史跡等整備のてびき―保存と活用のために―』文化庁文化財部記念物課、二〇〇四年

丸野内駿・丸野内胡桃『国指定名勝如斯亭庭園に関する喪失・改変箇所についての陳述書』二〇一〇年

文化庁文化財部参事官（建造物担当）『地震から文化財建造物を守ろう！　Q&A』文化庁、二〇一三年

秋田市役所『名勝旧秋田藩主佐竹氏別邸（如斯亭）庭園整備指導委員会』二〇一一年一〇月二四日～二〇一七年七月一二日まで一二回

文化財指定庭園保護協議会『文化財指定庭園保護協議会会報第五三号』文化財指定庭園保護協議会事務局、二〇一七年

座頭小路

秋田市働く婦人の家『はばたき―働く婦人の家5年のあゆみ』秋田市、一九八六年

秋田の高齢社会をよくするフォーラム編集委員会『年をとってなぜ悪い　わたしの本音・あなたの本音』無明舎出版、一九九九年

座頭小路のいちょうの木を守る会『座頭小路のいちょうの木』イラスト小西由紀子、二〇〇四年

上山信一・桧森隆一共著『行政の解体と再生』東洋経済新報社、二〇〇八年

NPO法人あきたパートナーシップ『事業報告書』、平成一五年度（二〇〇三）～一九年度（二〇〇七）

ＮＰＯ法人あきたパートナーシップ『患者さんとお医者さんのよい関係』イラスト有限会社コムズ、二〇〇三年

矢留の市

渡部琴子『平野政吉　世界のフジタに世界一巨大な絵を描かせた男』新潮社図書編集室、二〇〇二年
谷岡一郎『「社会調査」のウソ　リサーチ・リテラシーのすすめ』文藝春秋、二〇〇〇年
丸ノ内久『一つの灯』ヒューマン・クラブ、一九八一年

採録　城郭としての千秋公園　秋田の地の文化性と佐竹氏の非軍事性

新野直吉『古代日本と北の海みち』吉川弘文館、二〇一六年
新野直吉『秋田美人の謎』中央公論新社、二〇〇六年

著者プロフィール
丸の内 くるみ（まるのうち くるみ）
昭和 19 年生まれ。秋田市出身。昭和 53 年こひつじ保育園を設立し、主任保母として勤務。昭和 56 年から平成 12 年まで秋田市役所職員。平成 14 年 NPO 法人あきたパートナーシップ理事長、平成 21 年 NPO 法人あきたスギッチファンド理事長、平成 23 年から 28 年まで秋田県議会議員、平成 29 年 NPO 法人シングル非正規職あきた女性の家理事長

著書
『告げる日　お父さんは、なんで死んじゃったの』（2005 年、碧天舎）
『如斯亭の歴史・庭園および建造物群に関する基礎調査報告書』
（2006 年、丸野内胡桃）
『秋田のシングル非正規職女性の社会的支援に向けたニーズ調査報告書』
（2020 年、NPO 法人シングル非正規職あきた女性の家）

如斯亭《じょしてい》ものがたり

2023年 8 月15日　初版第 1 刷発行

著　者　丸の内 くるみ
発行者　瓜谷 綱延
発行所　株式会社文芸社
〒160-0022　東京都新宿区新宿1－10－1
電話　03-5369-3060（代表）
03-5369-2299（販売）

印刷所　株式会社フクイン

ISBN978-4-286-24295-8